全球治理的中国方案

全球治理的中国方案

何亚非◎著

五洲传播出版社

图书在版编目（CIP）数据

全球治理的中国方案 / 何亚非著 . -- 北京：五洲
传播出版社 , 2019.3
（全球治理的中国方案）
ISBN 978-7-5085-4136-5

Ⅰ . ①全… Ⅱ . ①何… Ⅲ . ①国际政治 – 研究②发展
战略 – 研究 – 中国 Ⅳ . ① D5 ② D60

中国版本图书馆 CIP 数据核字（2019）第 042813 号

"全球治理的中国方案"丛书
出 版 人：荆孝敏

全球治理的中国方案
著　　者：何亚非
责任编辑：苏　谦
助理编辑：秦慧敏
装帧设计：澜天文化

出版发行：五洲传播出版社
地　　址：北京市海淀区北三环中路 31 号生产力大楼 B 座 7 层
邮　　编：100088
发行电话：010-82005927，82007837
网　　址：http://www.cicc.org.cn http://ww.thatsbooks.com
承 印 者：中煤（北京）印务有限公司
版　　次：2019 年 11 月第 1 版第 2 次印刷
开　　本：787 × 1092mm 1/16
印　　张：13.5
字　　数：200 千字
定　　价：68.00 元

目录

前言

　　无论政治还是学术，"正名"很重要，有关全球治理的学术考察和理论实践也是如此。孔夫子说，"必也正名乎"，讲的是确立清晰的概念，明白概念的内涵、外延及其演变的历史。只有这样做才能确立坚实的地基，并由此出发对全球治理展开深入探讨，确保知识存量，提升知识增量。

　　既然"现代化"和"全球化"都是从欧洲产生的，自然伴随乃至主导这一过程的话语表述和思维方式迄今也主要是西方的。当然，这并不代表"现代化"和"全球化"只属于西方，或者只有西方一种话语和发展模式。由于二战结束以来众多发展中国家的参与，特别是中国等新兴大国的成长，现代化、全球化和全球治理的话语范式和治理模式出现了越来越多的"几何变数"，催生从内容到形式的深刻变化。即便所谓"西方"，它也不是整齐划一、铁板一块的政治、经济和文化实体，其倡导的全球治理在内部和与外部的互动中，内涵也在不断变化。因此，要看清楚变化的规律并对全球治理思想和体系进行必要的改革，以适应新时代的发展，都需要先了解起源于"现代化"和"全球化"的全球治理之西方话语表述，明晰其内涵和局限性。

　　中共十八大以来，以习近平总书记为核心的党中央带领中国走入中国特色社会主义的新时代，深入参与全球化、积极推进中国的现代化、引领全球治理，正在奏响中国"从站起来、富起来到强起来"时代交响乐的第三乐章，无论是"一带一路"倡议，还是构建人类命运共同体，全球治理的中国声音正在增大。在中共十九大报告中，习近平总书记指出：

> 全面推进中国特色大国外交，形成全方位、多层次、立体化的外交布局，为我国发展营造了良好外部条件。实施共建"一带一路"倡议，发起创办亚洲基础设施投资银行，设立丝路基金，举办首届"一带一路"国际合作高峰论坛、亚太经合组织领导人非正式会议、二十国集团领导人杭州峰会、金砖国家领导人厦门会晤、亚信峰会。倡导构建人类命运共同体，促进全球治理体系变革。我国国际影响力、感召力、塑造力进一步提高，为世界和平与发展作出新的重大贡献。

在中国与世界关系日益紧密的新时代，历史和现实都要求中国更进一步全面、深入参与国际事务，自觉参与并引导全球治理思想和体制机制循序渐进的改革。这就需要先充分了解西学系统中有关"全球治理"的话语体系和行事逻辑，包括如何界定"全球治理"、该概念的基本演变历史及其相匹配的制度设计等，以便有的放矢，有针对性地提出全球治理的中国思想和中国方案。

第一章

全球治理：概念与制度

研讨"全球治理"概念的起源和历史，从中发现问题，予以解构，并尝试重构；同时探讨作为全球制度设计的全球治理核心要素，以在历史与思想的纵深和世界政治的现实交汇中，立体全面了解全球治理的概念与机制发展，是我们讨论全球治理中国思想和中国方案的基础。

第一节
全球治理：概念演变与解构重构

　　"而今我谓昆仑：不要这高。不要这多雪。安得倚天抽宝剑，把汝裁为三截？一截遗欧，一截赠美，一截还东国。太平世界，环球同此凉热。"① 这是毛泽东评说全球事务的宏大气魄。如果以后人的后见之明来追溯，如此"三足鼎立"的世界格局，就是当时的中国对于世界秩序或全球治理的宏观俯瞰和解读。虽然当时"全球治理"的概念还没有像如今那么清晰的表述，但可以看出毛泽东有关全球分工和国际秩序的前瞻性分析，早已远远超过后来包括所谓"中美国"（Chimerica）在内的诸多判断。显然，尼尔·弗格森（Niall Ferguson）等提出"中美国"的概念，更多是在描述中美经济共生、相互依存的现象，缺乏对全球治理结构性变化的思考。新时代呼唤新思想和新的领导力量，就像德国思想家马克斯·韦伯（Max Weber）在一战后欧洲废墟之上呼唤世界政治的"担纲者民族"。今天的全球治理改革世界，意味着全球化红利的更普惠再分配、世界秩序的重新调整和全球公共产品（Global Commons）提供者

---

① 毛泽东：《念奴娇·昆仑》。

的再分工。那么，全球治理究竟从哪里来的呢？

一、全球治理：概念演变

回顾近代史，全球治理思想可追溯到创造英文"国际"（international）一词的英国哲学家、法学家、政治家边沁（Jeremy Bentham），甚至更早的荷兰政治家、"国际法之父"格劳秀斯（Hugo Grotius）。他们关于通过国际条约和国际法律来约束国家间行为交往的思想和著述，对现代国际关系、国际法理论和全球治理思想的发展与实践产生了深远影响。

马克思（Karl Marx）、恩格斯（Friedrich Engels）的科学共产主义思想和"第一国际"（国际工人协会）的实践也是在这一背景下产生的。马克思当时著书大声疾呼，倡导跨国界的"自由贸易"，在《资本论》中批判垄断资本无节制追求利润给各国带来的恶果，就是希望在世界范围内把各国无产阶级团结起来，摆脱剥削，以争取自身的彻底解放。到了 20 世纪，"国际主义"一词内涵已经演变，等同于"有组织的社会主义"，并随着苏联和社会主义阵营的崛起与整个社会主义运动紧紧联系在一起。

马克思对全球经济治理理论的主要贡献在于，他早就预言，全球化将是资本主义垄断金融资本逐利冲动的结果，必然导致全球经济危机。2008 年一场几乎让世界经济遭受灭顶之灾的金融危机，再次证明了马克思主义的强大生命力和深刻现实意义。2008 年以后，欧洲和世界各地一度"洛阳纸贵"，马克思的著作尤其是《资本论》供不应求，也就不足为奇了。其实研究全球治理理论和实践，《资本论》是一定要读的。

说到全球治理思想的由来，首先要了解与之密切相关的全球化思想与实践的产生和发展。全球化思想范畴是由洛克菲勒（David Rockefeller）和布热津斯基（Zbigniew Brzezinski）牵头的美国国家安全

卡尔·马克思，马克思主义创始人之一，第一国际的组织者和领导者，国际共产主义运动的开创者。

"三边委员会"（The Trilateral Commission）提出的。那么"三边委员会"究竟是什么机构呢？它是一个为了把全球利润掌握在少数几个国家手里，从而对全球经济和市场进行管理和剥削的国际垄断资本家俱乐部。

如今对全球化最通俗的解释可能来自《纽约时报》专栏作家弗里德曼（Milton Friedman）。他在《世界是平的》这本畅销书中深刻指出，全球化的核心是资本自由化，资本在全球自由流动将抹平各种差异，使世界经济自动达到均衡。虽然全球化被普遍认为是各种生产要素在全球自由流动，但其核心是资本的自由流动。

全球治理的完整概念起源于20世纪90年代冷战结束之际，全球治理委员会（Commission on Global Governance）的成立及其报告的出台。1990年1月，世界正处于冷战即将结束、两极格局面临寿终正寝，当代国际体系经历历史性变革的大动荡、大洗牌时期。德国社会党国际前主席、国际发展问题独立委员会前主席、德国前总理勃兰特（Willy Brandt）非常有前瞻性地提出，各国需要适宜于国际体系新走向、维持世界和平与发展的新理念。于是，他邀请国际发展问题独立委员会、裁军与安全问题独立委员会、世界环境与发展委员会、南方委员会等组织成员到德国开会，专门讨论此事。会议要求时任瑞典首相卡尔松（Ingvar

Carlsson）等三人起草一份报告。报告完成后，卡尔松于 1991 年 4 月邀请世界 30 多位著名人士来讨论这份报告，并以此报告为基础起草通过了《关于全球安全与治理的斯德哥尔摩倡议》，其中第 28 项倡议明确提出建立一个独立的国际性全球治理委员会。该委员会成立于 1992 年，并在 1995 年联合国成立 50 周年之际发布《天涯若比邻》报告，提出了"全球治理"的概念。

全球治理概念是对传统国际关系理论的直接挑战。按照传统国际关系理论，国内社会与国际社会是截然分开的，两者毫不相干。全球治理则是把世界作为一个整体来治理，西方全球治理学者更多强调非政府组织、跨国公司、公民社会、大众媒体的作用，而不是传统的国家作用。

在 20 世纪 90 年代，全球治理理论主要是美国和西方垄断资本向各国精英推广和灌输的新自由主义，以及其"华盛顿共识"的全球市场理念。撒切尔主义、里根经济学以及克林顿和布莱尔推行的更新版温和的"第三条道路"，都以新自由主义为思想基础，主张"大市场"和"小政府"，其实质是主张市场高于一切的"市场原教旨主义"，即政府不要插手经济管理，"看不见的手"才真正管用。

在这一思潮影响下，经济和政治自由主义"模糊混合体"成为全球治理的核心理念，国家主权要部分让渡于国际组织和全球市场，其表现形式则是国际各领域多边体系和政府间国际组织及非政府国际组织组成的巨大网络。

美国国际关系学者罗西瑙（James N.Rosenau）是第一位从理论上探讨全球治理问题的学者。1992 年，他在《没有政府的治理：世界政治中的秩序与变革》一书中，系统地介绍了全球治理理论，开始构建全球治理理论框架。他认为，全球治理是一种没有政府强制性统治的有序治理方式，即一种非国家中心的治理状态。他在强调国际政治体系发生巨大

华盛顿共识（Washington Consensus）是指 20 世纪 80 年代以来位于华盛顿的三大机构——国际货币基金组织、世界银行和美国政府，根据 20 世纪 80 年代拉美国家减少政府干预、促进贸易和金融自由化的经验提出来并形成的一系列政策主张。图为华盛顿的世界银行总部大楼。

变化的基础上，提出可以应用全球治理理念来分析和研究当代全球事务。罗西瑙将世界正同时走向"分散化"或"碎片化"（fragmentation) 和"一体化"（integration）的趋势，称之为"分合并存"，还为此创造了一个新词: fragmegration。他将"全球化"(globalization)、"地方化"(localization) 相互渗透、相互转化的现象，称为"全球地方化"或"地方全球化"，为此又造了个新词: glocalization。罗西瑙说，冷战结束后，全球政治、经济乃至文化正经历前所未有的一体化和碎片化并存的发展。在这样的世界政治、经济和文化大背景下，政治权威的位置发生重大迁移，对人类社会生活的治理也因此从以民族国家为主体的政府治理转向多层次治理，其中非常重要的就是全球层面的治理。

当代人们积极倡导和推动全球治理一般基于两大原因：

一是认为，20世纪经济全球化迅速发展，出现许多负面问题，如果不加以约束和纠正，将破坏19世纪以来人类取得的"民主成果"，导致贫富差距不断扩大，所以提倡对全球劳工、货物和货币等市场进行有序管理。

二是认为，国家出于自身利益一般不愿"无偿"提供全球公共产品。如果不能通过各国合作实现良好的全球治理，就很难向世界提供广泛的全球公共产品，如全球传染病防治和金融市场管理等。

对全球治理的学术研究在不断深入。不少学者将现有全球治理混合体统称为"全球政治体"，包括：以具有世界影响力的新自由主义思想作为统治理念；覆盖世界且日益增长的各种"公共和私人"体系网络；相对独立并具有权威性的政府间国际组织；提供传统意义上的全球公共产品并不断创新全球融合的跨国组织。

专家学者普遍认为，新自由主义思想作为全球经济的基本理念，之所以近几十年能够在世界盛行，并非源自其内在合理性和正确性，而是在西方大力推动下，它左右和操纵了不少国家的"强势部门"，如财政部和中央银行，以及世界贸易组织、国际货币基金组织和世界银行等重要国际组织的思维定式和发展战略。这种说法也许是一面之词。

大国政治和竞争也需要某种全球治理架构作为相互平衡的平台。即使各个大国对全球某个问题利益趋同，它们同样需要建立政府间机构或机制来实现共同利益诉求。所以由政府间国际组织形成的治理机制经常是大国进行"非零和"合作的重要平台。

对全球治理结构的看法，仁者见仁，智者见智。全球治理从结构上分为全球和地区两个层面。因为采取全球性行动困难较大，分歧较多，地区和区域治理发展相对快一些。全球治理的基础是地区治理，地区治理的发展正是缘于全球治理在推进中遇到了许多实际困难。全球治理也罢,地区治理也罢,集腋成裘,以"地区主义"为理论基础的地区治理是"曲线"实现全球治理的现实途径。

地区治理表现形式为地区磋商与合作,主要分成两类:一是有明确地区治理目标和"路线图"的合作;二是包容性强但没有清晰治理目标、泛泛的区域或地区合作。欧盟、东盟和非盟属于前面一类。欧盟 29 个国家拥有共同的外交和防卫政策、欧洲议会、欧盟法庭和欧洲中央银行,

美国纽约联合国总部大楼。联合国是世界上最大的由主权国家组成的国际组织,致力于促进各国在国际法、国际安全、经济发展、社会进步、人权及实现世界和平方面的合作。

2017年1月23日，美国总统特朗普签署行政命令，正式宣布美国退出跨太平洋伙伴关系协定（TPP）。

其中18国甚至有共同货币欧元。东盟政治和经济一体化进程也在按照既定时间表有序推进。后一类地区合作往往以某个议题或领域的合作为基础，如东亚合作，中日韩自贸区谈判、美国曾经推动的"跨太平洋伙伴关系协定"（TPP）谈判和"跨大西洋贸易与投资伙伴关系协定"（TTIP）谈判就属于这类地区治理范畴。虽然特朗普政府退出了TPP，但是余下的11国依然坚持谈判，并签署了TPP-11协议，对美国提出的20多项条款暂时"冻结"。中国积极参与推动的"区域全面经济伙伴关系协定"（RCEP）谈判也已接近尾声，胜利在望。

二、全球治理：内涵与外延

从基本拆字逻辑看，"全球治理"由"全球"和"治理"构成；

2016年9月8日，中国国务院总理李克强在老挝万象与东盟十国、日本、韩国等国领导人共同出席《区域全面经济伙伴关系协定》（RCEP）联合声明发布仪式。

通过对这两个词的拆分，可以看出，"全球治理"的对立面是"非全球的治理"（non-global governance）和"全球的无治理"（global non-governance）。[1]

"全球治理"与这两个词分别组成两组概念：

全球治理与非全球的治理，均属于"治理"的类别，前者是全球层面的治理，而后者是区域性的（区域治理）或主权国家内的（国家治理）。

全球治理与全球的无治理，均属于"全球"范围的事项，但前者是全球的治理良序状态，后者是全球的无序状态或统治状态（如有霸权无治理）。

上述概念的拆分，将"全球治理"放在这两组概念类别中来理解，

---

[1] 克劳斯·丁沃斯、菲利普·帕特伯格：《如何"全球"与为何"治理"？全球治理概念的盲点与矛盾》，《国外理论动态》2013年第1期，第27页。

便更容易把握全球治理的内涵与外延。

何为"全球"？ 2016 年，习近平总书记在中国共产党成立 95 周年庆祝大会上指出：

> 中国共产党领导中国人民取得的伟大胜利，使具有 60 多年历史的新中国建设取得举世瞩目的成就，中国这个世界上最大的发展中国家在短短 30 多年里摆脱贫困并跃升为世界第二大经济体，彻底摆脱被开除球籍的危险，创造了人类社会发展史上惊天动地的发展奇迹，使中华民族焕发出新的蓬勃生机。[①]

这引得我们思考何为"全球"？ "全球"不等于"国际关系"，也不等于作为国别问题代数相加的"世界"，而是一个互动、相互连接的整体。中华文明早已有了这种关于世界整体的思考，例如，中国哲学家赵汀阳就指出，中国最大的空间概念是"天下"，就是整个世界，"天下"对中国人而言是个很重要的文明和政治时空问题。任何一代朝廷都要考虑天下苍生，这样皇帝作为"天子"才能延续。与之很不同的是，西方最大的政治空间概念是"国家"，而"世界"虽然是确实的空间，却不是一个政治空间，国家是主权的，而世界是主权国家之间的国际关系，是政治之外的，也就是无政府的。因此，西方人关于政治的讨论集中于个人和国家；而中国古人的政治讨论顺序是：天下、国、家，伦理讨论顺序则是家、国、天下。这样一来便可以看到，中国存在伦理秩序和政治秩序这两种公共秩序，还始终存在个人与天下之间的某种关联。[②]

[①] 习近平：《在庆祝中国共产党成立 95 周年大会上的讲话》，《人民日报》2016 年 7 月 2 日。
[②] 赵汀阳：《天下体系：世界制度哲学导论》，北京：中国人民大学出版社，2011 年。

比如，"得民心者得天下"，便在人心与天下之间确立了直接关联。所以，虽然中国没有产生近代的地理大航海从而实现地理大发现，虽然中国是被迫卷入现代世界经济体系的，但并不等于中国自古以来就缺乏有关世界的整体观念。

如何"治理"？联合国全球治理委员会《天涯若比邻》报告给出了"治理"的定义：

> 治理是各种公共的或私人的个人及机构管理其共同事务的诸多方式的总和。它是一个使相互冲突的或不同的利益得以调和并采取合作行动的持续过程。它既包括那些有权迫使人们服从的正式机构与机制，也包括那些人们和机构已经同意的或认为将符合其利益的各种非正式的安排。①

要讨论"治理"（governance），首先就要区分它与"统治"（government）的异同。人们讨论社会关系或政治关系，出现了由"统治"/"政治"到"治理"的转变。这种转变首先在全球层面，即可以看到"全球治理"对"国际政治"的超越；日后又蔓延到国家层面，看到了"国家治理"对"国家统治"的超越。在全球层面，从"国际政治"到"全球治理"，是从"统治"/"政府"到"没有政府的治理"。

治理是只有被多数人接受（或者至少被它所影响的那些最有权势的人接受）才会生效的规则体系；然而政府的政策即使受到普遍的反对，仍然能够付诸实施……因此，没有政府的治理是可能的，即我们可以设想这样一种规章机制：尽管它们未被赋予正式的权力，但在其活动领域

---

① Our Global Neighborhood: Report of the Commission on Global Governance, New York: Oxford University Press, 1995, p.2.

内也能够有效地发挥功能。①

　　说到"治理"这个概念，它是当代的产物。然而，"治"的理念在中华文明中一直存在，并且发挥着很重要的作用。人们对理想社会的向往是"治世"（用现在的话讲就是"良治社会"），政权的行政管理统绪就是"治统"，与文明教化所形成的"道统"相对应。

　　回过头来看，"全球"与"治理"的概念都是新兴的，然而对中国人而言，这方面的思考一直存留在中国的固有本土资源之中。近代以来，我们从器物、制度再到思想文化多个层面学习西方文明，也曾经一度否定中国传统文明的资源，现在需要重新返回当时的岔路口，复原吸收中国传统的资源。

三、全球治理：概念解构与重构

　　"理念和概念无论好坏，都会产生一定的影响。"②梳理全球治理的概念，是为了更好地澄清其原初定义和效果历史，从而得以解构并予重构。通过对立的概念，我们便容易把握"全球治理"概念本身的独特性。相对于"非全球的治理"，"全球治理"是通贯全球、超越地区和民族国家疆界的；相对于"全球的无治理"，"全球治理"是各种国际主体参与其中的能动设计。这意味着，需要吸收全球史观，重构"全球"的历史和"全球治理"的背景。

　　结合全球治理的诸多论述，可以总结出全球治理这一概念的六点核

---

① 詹姆斯·罗西瑙主编：《没有政府的治理》，张胜军、刘小林译，南昌：江西人民出版社，2001年，第5页。

② 托马斯·G·怀斯：《治理、善治与全球治理：理念和现实的挑战》，张志超译，《国外理论动态》2014年第8期，第8页。

心要素：

1. 全球性。超越地区和民族国家疆界，在全球互动关联的视野下看待任何一个区域、一个国家或民族的问题。这意味着不再有任何一个文明、民族、国家或区域的重大问题可以脱离全球背景，这些问题也无法单纯从自身寻找解决方案，要从多种文明、民族、国家和区域的历史中寻找资源，在横向的全球互动交往中得以解决。

2. 治理主体和治理方式的多元。治理主体不仅限于传统国际政治认定的主权国家，还包括国际组织（政府间国际组织和非政府间国际组织）和跨国公司等机构；在治理方式上，"全球治理"不再是以往"国际政治"的垂直治理，而是强调垂直治理与平行治理的交互。纵观国际关系史或世界政治史，无论是威斯特伐利亚体系、维也纳体系，还是凡尔赛—华盛顿体系与雅尔塔体系，要么是一种均势权力格局，要么是霸权统治格局，都是一种垂直治理，而非尽可能平等的国际协商的平行治理。在21世纪，平行治理的全球治理格局逐渐提上日程，这实质便是治理主体和治理方式的多元。在平行治理的结构中，治理方式不再单纯地是政治和军事属性的，而是加入了社会、经济和文化的力量，治理主体之间由权力关系逐渐转变为协商关系。针对这种多元，罗伯特·考克斯（Robert Cox）将其喻为"遍布全球的星云"（a global nébuleuse）。①

3. 多层次议题。除了单纯传统国际政治中的政治和军事议题，还扩展到经济议题、文化议题和社会议题。随着全球人口大流动和文化的多元绽放，恐怖主义问题、堕胎问题、同性恋问题、艾滋病问题、移民问题和环境污染问题等，都成为全球治理必须囊括的议题。这些问题在人类中的无差别扩散，使传统的治理主体和治理方式失效，与治理主体

---

① R. W. Cox, T. J. Sinclair: Approaches to World Order, Cambridge: Cambridge University Press, 1996.

应对气候变化已成为改善全球治理的重要内容。图为 2017 年 11 月在德国波恩召开的新一轮联合国气候变化会议。

和治理方式的多元互相作用。

4. 多中心。基于全球治理主体、治理方式和核心议题的多元与多层次，出现了多中心的情势，即不再有单一的中心点，边缘与中心均是变动不居的。任何一个区域、一个国家或民族的问题都可能成为全球治理的中心问题，也可能随着情势的变化又转为边缘问题。"蝴蝶效应"不再是一种偶然，而成为全球事务中的"新常态"。

5. 理念与制度相结合。全球治理不仅是有关全球问题的一种治理理念，更坐实为一种制度安排，并有对应的具体举措。在世界秩序尚处在"国际政治"的阶段时，全球治理是一种妄想；但在 21 世纪的今天，它有关治理主体、治理方式、核心议题和中心—边缘结构的设想，最真切地反映了当代世界的现实，因此演变为一系列具体的制度性安排。而且，制度的操作与理念的重建交织在一起，相辅相成、互相促进。

6. 描述性与规范性。全球治理是历史凝结而成的新世纪概念与规制，它既是对现定世界秩序的描述，又意味着对未来秩序可能性（或然）的预见和应然性的规范。它的描述性就在于以系统的概念和一系列的制度设计描绘这个世界的基本图景，但全球治理本身的力量又要求概念与制度不能静止于此，还应该实现自身超越，否则就与同样具有描述性的既有国际政治体系毫无二致。因此在实践中，全球治理还基于具体的问题，对现实世界的图景加以规范，以期实现自我超越。从这一点而言，全球治理的概念与制度设计，理应与构建人类命运共同体的理想紧密联系在一起。

综上可以看出，全球治理概念的内涵丰富，但正因其丰富的内涵和宏大的志愿，上述六大核心要素存在着内在张力。这六个要素层面所对应的张力分别是：

1. "全球"无法治理自身，因此，虽然全球治理需要超越疆界，但它的执行一定要落实为某一个集团完成——可能是主权国家，也可能

二十国集团（G20）是世界主要经济体平等对话、沟通协调的重要平台。图为 2017 年 7 月 7 日，在德国汉堡出席二十国集团领导人第十二次峰会的与会领导人合影。

是政府间组织、跨国公司或非政府组织等。既然全球治理的实现要由某一个或某一些集团完成，而这些非全球性的特殊集团又有着自身的特殊利益，那么这就对"全球治理"的超越性施加了一层限制。换言之，全球治理意在人类命运，而不单纯照顾补贴某一文明、民族或国家；但具体落实中又需要本身有特殊利益的特殊性团体来承担，无论这个团体的涵盖面和代表性是强是弱，势必会以某种特殊性（Identity）或局部性代替全球治理的普遍性或特殊性。

2. 治理主体和治理方式虽然是多元的，但势必要首先落实为以主权国家为依托，因为无论是跨国公司还是国际组织，都需要在某一国家或某些国家落地注册或设置总部，这本身便构成了主权国家对其他治理主体的钳制；与之对应的便是传统主权国家的垂直治理方式对跨国公司、国际组织所带来的平行治理方式的压制。

3. 全球性的议题已呈现出多层次的态势，既有传统的军事安全议题，也有分量大大提升的经济、文化和社会议题，还有一些新兴的跨国问题。但是，多层次问题的兴起，恰恰因为其本身引得许多国家逐渐重视，反而被统一纳入安全问题——换言之，传统定义的安全概念得以扩充，从而将多层次的全球议题吸纳其中。在这一意义上，多层次的议题很多又被统合到安全议题之中。在国家层面，多元议题也被置换为内容更丰富的大安全议题。

4. 全球治理的治理主体、治理方式和治理层次的多元，均有其自身张力，在此基础上，全球治理的多中心本身的张力也凸显出来。换言之，全球治理在多中心的同时，也面临着议题想要实质解决必定过多依赖主权国家的情形，而主权国家中，即便少数弱势区域、国家或国际机构等主体所面临的问题成为中心议题，它们似乎也无法完全左右、掌控局面，最后还是要由并未提供中心议题的强势国家主导，这样一来，就在两个层次上构成了对全球治理多中心要素的内在制约。

5. 全球治理既是一种理念，又是一种现实秩序中的制度；而结合上述四要素及其内在张力，可知理念与制度之间本身便存在张力。这种张力基本等同于描述性与规范性的张力。

6. 描述性（实然）是描述历史奠定的既成秩序，是对历史凝成的既定世界图景的理念梳理和制度呈现，描述本身便意味着承认既成秩序；而规范性则不同，它是一种应然的表述，它意味着既成秩序存在若干问题，需要改进。在相当程度上，这种规范性是内在于全球治理的描述性之中的，因为它是变动的，而非静态的；它是理念的，也是制度的，因此就势必会因为现实操作中的问题而反身改正。

全球治理有上述丰富的内涵，又具有相应的张力。布莱恩·厄克特（Brian Urquhart）曾说，全球治理就像《爱丽丝梦游仙境》中那只没有身体的笑面猫咪。[①]言下之意，似乎全球治理是空洞的美好许诺，像乌托邦一样，子虚乌有。这则隐喻或许形象，却用简单的方式将复杂的全球治理内涵及其张力一笔带过，实际状况如上所说，远非"有头无身"这么简单。全球治理概念的这种张力本身便意味着全球治理的概念和制度不是任何一种地方性思想资源（单纯的"西方"或"东方"）所能囊括的，它本身变动不居。全球治理的概念重构及其相应的秩序重建，也势必要从上述核心要素的内在张力着手。

---

① 托马斯·G. 怀斯：《治理、善治与全球治理：理念和现实的挑战》，张志超译，《国外理论动态》2014 年第 8 期，第 16 页。

第二节
全球治理：制度设计与秩序重建

结合全球治理主体、治理方式和核心议题，我们可以大致总结出全球治理存在的三种逻辑：国家（霸权）逻辑、资本逻辑和社会逻辑。[①]但这种分类恰恰排除了全球治理中最重要的两个环节：话语和制度。仔细审视便可以发现，无论是国家逻辑、资本逻辑还是社会逻辑，各有侧重，终究会以话语和制度的双重方式起作用。因此，我们需要采用话语与制度的双重维度来审视全球治理的概念。上一节已从话语层面对全球治理加以探讨，讲述了全球治理概念的核心要素及其内在张力；本节将从制度层面探讨全球治理，讲述全球治理的制度设计及其超越的可能性（全球治理核心要素之描述性与规范性）。

玛丽-克劳德·斯莫茨（Marie-Claude Smouts）认为全球治理的核心是治理，而治理的特征是：

　　一、治理既不是一套规则，也不是一种活动，而是一个过程；二、治理主要基于协调，而不以支配为基础；三、治

---

① 高奇琦：《国家参与全球治理的理论与指数化》，《社会科学》2015 年第 1 期，第 3—12 页。

理同时涉及到公共部门和私人部门的行动者；四、治理并不
是一个正式的制度，而是依赖于持续的互动。①

从全球治理的实践看，斯莫茨的判断是有道理的。然而，我们可以
继续使用"制度"这一说法，原因在于虽然全球治理的规制是变动不居的，
但并不等于毫无章法可言；全球治理具体行为中的一系列准则都可以纳
入到广义的"制度"范畴。

我们不妨从主体、原则和超越的可能性三个方面来分析全球治理的
制度设计。

一、全球治理的主体

"全球治理"这一关键词没有主语，也就无从辨认治理的主体是谁。
许多人认为当下的全球治理是霸权治理，它的历史形态主要是不列颠治
下的和平（Pax Britannica）与美国治下的和平（Pax Americana）。当前
许多研究者将过去的全球治理总结为"霸权治理"，这并不十分准确。
"不列颠治下的和平"在欧洲层面是均势治理，在全球层面则是霸权治
理；因为美国得天独厚的地理优势，所以美国在美洲与全球两个层面的
治理没有出现反差，"美国治下的和平"就是霸权治理。这种分类方式，
显然是从全球治理的主体而言的。全球治理的主体正在从霸权国向互相
合作的多国和全球性国际组织转变。

全球政府论者显然认为，既然是全球治理，就不能由某个具体的特
殊性团体领导，否则仍将沦为某个局部利益的工具，而无法为人类谋福

① Marie-Claude Smouts: The Proper Use of Governance in International Relations, International Social Science Journal 50 (155), 1998. 转引自高奇琦：《国家参与全球治理的理论与指数化》，《社会科学》2015 年第 1 期，第 6 页。

祉。这里，我们不深究这种具体设想的现实可能，但这种设想背后所涉及的一大问题的确不容忽视，那便是全球治理的主体问题。关于全球治理的主体之说，可以有以下三种分类：

1. 国家主义。罗伯特·杰克逊（Robert Jackson）区分了积极主权与消极主权。[①] 消极主权的国家是殖民地解放后建立的国家主权，往往无法依靠本国自身力量解决内部问题，遑论全球治理。这样一来，国家主义视角下的全球治理，就势必等同为少数强国领导的全球治理。

2. 国际主义。国际主义强调国际合作，但其基本主体假设仍是主权国家；国际主义在全球治理中的落实，固然需要跨国公司和国际组织的积极参与，但仍需要依托主权国家。

3. 全球主义。全球主义强调将全球作为一个整体来认识并治理，世界不再是各个民族或国家组成的联合体，而是一个自在自为的整体；各个民族或国家不过是全球的一个个局部，就如巴里·布赞（Barry Buzan）提出的"无中心的全球化"。

无论持何种论说者都无法否认，当今世界主要的全球治理主体包括主权国家、国际组织和跨国公司。这些论说的差异只在于对三种主体主导地位的认定不同。国家主义论者往往强调国家和基于国家而确立的政府间国际组织，这是全球治理的国家逻辑；国际主义论者往往强调基于利益的国际互动，这是资本的逻辑，因此便将非政府非营利的国际组织排除在外；全球主义论者不仅注重基于利益的国际互动，更强调国际社会的公正、公平，强调的全球治理主体是非政府非营利的国际组织。弄清了这一点，我们便容易掌握强调各种全球治理主体背后的逻辑和立场。

---

① Robert H. Jackson, Quasi-States: Sovereignty, International Relations and the Third World, Cambridge: Cambridge University Press, 1993, p. 26.

二、全球治理的原则

任何一种国际理念或机制，不仅要明确主体，还要讨论其行动原则，后者是由意志转化为行动的关键。斯蒂芬·克拉斯纳（D. Stephen Krasner）在《国际机制》中指出："一系列隐含的或明确的原则、规范、规则以及决策程序，行为者对某个既定国际关系领域（问题）的预期围绕着它们而汇聚在一起。所谓原则，是指对事实、因果关系和诚实的信仰；所谓规范，是指以权利和义务方式确立的行为标准；所谓规则，是指对行动的专门规定和禁止；所谓决策程序，是指流行的决定和集体选择政策的习惯。"①

乌尔里希·贝克（Ulrich Beck）指出，现代化—全球化使全球社会变成了一个"风险社会"。②针对全球治理的诸多议题，人们会使用不同的方略，对应的规则也可能有所变化。因此，我们需要考察全球治理有哪些基本的原则，这些原则将对全球治理的诸多举措加以规范：

1. 治理与责任："保护的责任"（responsibility to protect）和"保护中的责任"（responsibility while protecting）。"保护的责任"首次出现于 2001 年干预和国家主权国际委员会（ICISS）提出的《保护的责任：干预和国家主权国际委员会报告》，2005 年被正式写入第 60 届联合国大会通过的《2005 年世界首脑会议成果》。2009 年，第 63 届联合国大会通过了《履行保护责任秘书长报告》。保护责任涉及国家和国际两个层面，首先在于每个国家的政府，但如果一国政府不能或者不愿保护本

① D. Stephen Krasner: Structural Causes and Regime Consequences: Regimes as Intervening Variables, International Regimes, 1982, 36 (2), p.185-205. 刘笑晨、王淑敏：《全球治理视角下打击海上恐怖主义的法律规制问题初探》，《中国海商法研究》2016 年第 4 期，第 100 页。
② 乌尔里希·贝克：《风险社会》，何博闻译，南京：译林出版社，2004 年。

国人民时，则保护责任落到了国际社会肩上。国际社会利用外交、人道主义和其他和平方法，帮助保护人民免遭四种严重罪行的侵害；如果和平手段不足以解决问题，安理会就可能根据《联合国宪章》采取行动，包括必要时采取军事行动。[①]

"保护的责任"在国际社会层面为一般意义上的人道和道德服务，但在具体施行中，可能会变成以片面强调"人权高于主权"为借口干涉他国内政的行为。因此，针对这一原则应当十分慎重。"保护中的责任"便对"保护的责任"可能造成的干涉内政行为加以限制。它强调"过程中的责任""适当终结"和"事后追责"，尽量平衡人道主义关怀与不干涉内政二者的关系。

毫无疑问，权力即责任，主权作为一国最高权力当然承担着该国的最高责任，这一责任不仅是对内的，也是对外的——即在国际社会中作为责任主体存在。作为责任的主权，既要在国家治理层面也要在全球治理层面强化主权的责任。

2. 治理议题：政治—经济—文化的全球治理。全球治理议题不仅涉及传统安全，还涉及非传统安全；不仅是安全的处境，还涉及安全感这种个人感受和民族情绪。现在的全球治理，特别强调从第一代人权（政治和公民权利）向第二代（经济和社会权利）进而是第三代人权转变。政治上，全球治理从霸权国家的政治议题向多极化主体、多中心议题转移；经济上，全球治理向大分工的全球市场转变；文化上，全球治理从固持一元论向多元化转移。

3. 价值观："全球价值观必须是全球治理的基石。"[②]一种国际机

---

① 黄瑶：《从使用武力看保护的责任理论》，《法学研究》2012年第3期，第195—208页。

② 英瓦尔·卡尔松、什里达特·兰法尔主编：《天涯若比邻——全球治理委员会的报告》，赵仲强、李正凌译，北京：中国对外翻译出版公司，1995年，第45页。

制势必要有一种价值观作为信念支撑，全球治理的机制也如此，需要一种全球价值观。它的核心内容便是坚持多元、平等、互惠、互利的世界格局，捍卫人道，以人为本，努力构建人类利益和命运共同体。

4. 全球治理与国家治理：全球治理与国家治理是互动的，而不是两张皮，互不关联。国家治理是国家层面的治理，全球治理是全球层面的治理；但某些涉及国际争端的国内问题可能会引入全球治理，而全球治理的议题也可能与国家内部的一系列问题（如环境治理等）密切相关。二者有一定的界限，但在全球化深入的今天确实难解难分。

三、世界秩序的重建

20 世纪 90 年代逐渐形成的"华盛顿共识"的核心是经济私有化、政治选举化、治理市场化，强调全球层面的事务采用市场化机制来运行和管理。

美国东部时间 2001 年 9 月 11 日上午，恐怖分子劫持 4 架民航客机，撞击美国纽约世界贸易中心（双子塔）和华盛顿五角大楼。9·11 事件对世界格局造成了巨大影响。

国家之间和国家内部生活机会存在着巨大的不对称，如果一些国家的某些部门经济财富的流失，却换来国家对这些部门特别的保护和资助，就会引发全球金融资本的流动，使得国家经济迅速陷入不稳定，使得全球共同面对的跨国性难题愈演愈烈。将国家行动范围退回到国家边界或削弱国家的管理能力，意味着扩大市场作用的范围并减少对弱势力量的保护，最贫困国家和最弱小国家面临的难题将会加剧。总之，"华盛顿共识"削弱了地方、国家和全球的管理能力，破坏了它们提供紧急公共产品的能力。经济自由在牺牲社会公正和环境可持续发展的代价下获得发展，长期看是得不偿失的。[①]

作为对"华盛顿共识"的全球秩序观的挑战，在9·11事件之前，亨廷顿（Samuel Huntington）便预言世界秩序的建构将由传统的民族国家中心转为文明之争，需要着力避免。《文明的冲突与世界秩序的重建》[②]在9·11之后一时洛阳纸贵。问题在于，人们似乎从中看到的更多是"文明的冲突"而非"世界秩序的重建"。文明冲突给世界秩序带来挑战，那么世界秩序重建何以可能？如果继续既有世界秩序和全球治理的主流话语和思维方式，何以超越这种世界秩序的内在限制？

全球治理的绩效正在质疑现有全球治理话语和机制，以此为契机，世界秩序重建的诸种可能性被提上国际社会的议事日程。因此，从思想历史纵深挖掘全球治理的概念，并铺展全球治理现有制度设计，就是"问题意识的提出"，接着本书将尝试提出"世界秩序重建"的一些可能性。

在讨论世界秩序重建这一重要问题时，近几十年兴起的全球史观

---

① 戴维·赫尔德：《重构全球治理》，《南京大学学报》（哲学人文社科版）2011年第2期，第21页。
② 萨缪尔·亨廷顿：《文明的冲突与世界秩序的重建》，周琪等译，北京：新华出版社，2002年。

可给我们不少启发。仔细忖度"全球"打头的学科发现，"全球史观"的提出与定型是与"全球治理"逐渐兴起平行发展的。杰弗里·巴勒克拉夫（Geoffrey Barraclough）在 1955 年的论文集《处于变动世界中的史学》（*History in a Changing World*）中最先提出了全球史观。此后，斯塔夫里阿诺斯（Leften Stavros Stavrianos）的《全球通史》（*A Global History*）和麦克尼尔（William H. McNeill）的《世界通史》（*A World History*）均被视作"全球史观"的代表作。正如"全球史"是对"世界史"的超越，"全球治理"也是对"世界政府"的超越。"世界通史并非国别史之总和，而是一个有机的统一体，故叙述时，力求避免分国叙述的倾向，而特别着重世界各地相互的关系。"①

逐渐为学界所知、所识、所用的"全球史观"，其有关人类文明史的互动研究，将为全球治理的概念反思与制度重建，提供充足的历史资源。我们应当充分意识到，全球史观的叙事将为全球治理的概念反思与制度重建提供智力资源。

历史学家蒙文通曾经讲："事不孤起，必有其邻；观水有术，必观其澜。"在"全球村"的今天，任何观念与制度的建构、解构与重构都非孤立事件，以中国视角提供东方智慧，实现全球治理的概念重构和秩序重建，这是全球治理走至今日的题中应有之义。

吉姆·惠特曼（Jim Whitman）先后撰写了《全球治理的局限》②（2005年）和《全球治理的原理》③（2009 年）。全球治理的"规范性"要素，必然对其"描述性"要素产生冲击，这便是全球治理概念的内在张力。这一点，惠特曼曾经以另外形式表述：

---

① 周谷城：《世界通史》，北京：商务印书馆，1950 年，前言。

② Jim Whitman: The Limits of Global Governance, Basingstoke, UK: Palgrave Macmillan, 2005.

③ Jim Whitman: The Fundamentals of Global Governance, Basingstoke, UK: Palgrave Macmillan, 2009.

人类行为及其后果涉及的范围是全球性的，但是相关的理解、协调、舆论和指令却限于更小的、更狭窄的区域，它们受到相互冲突或彼此竞争的利益和实践的影响。①

早在 21 世纪初，全球化专家戴维·赫尔德就对全球化的危机与出路作了诊断：

我把我们所处的世界称为"命运共同体"，在这里，我们每一天的生活——工作、信仰、贸易、通讯、金融以及环境，将我们联系得越来越紧密。这就是所谓的"全球化"。1945 年以来，我们试图建立一个国际化的机构，按照全人类平等的准则，来管理和统治全球化的方方面面。半个世纪过去了，这个国际共同体正面临着一个抉择的重要时刻。我是一个乐观主义者，我认为建立这样一个共同体仍然是有可能的。但是我们必须清楚自己所面临的危险和困难。这些危险和困难发展下去，可能导致非常令人不安的消极结果。我们正处在一个转折点，我们现在所作的选择将会决定未来数十年全球的命运。问题就是如此严重。时下有四个主要问题相互作用，使人类朝着消极方向发展，它们包括：第一，世界贸易规则出现严重问题，一个显见的危机是，贸易谈判可能无助于改善世界发展的不平衡状况；第二，联合国千年发展目标没有实现，该目标给几个人口最多的地区设定了最低人道主义标准；第三，对全球变暖所带来的恶性后果的预测完全失败；第四，以联合国为代表的多边秩序遭到破坏，并且这种破坏

---

① 克劳斯·丁沃斯、菲利普·帕特伯格：《如何"全球"与为何"治理"？全球治理概念的盲点与矛盾》，《国外理论动态》2013 年第 1 期，第 29 页。

2017 年 5 月 14 日，中国国家主席习近平在"一带一路"国际合作高峰论坛开幕式上发表主旨演讲，指出和平赤字、发展赤字、治理赤字是摆在全人类面前的严峻挑战。

效应正不断蔓延。后冷战时代的多边秩序正被经济、人道、环境、政治等各种危机的交互作用所威胁。更严重的是，现在有一种力量，使这些已然不妙的状况变得更糟。这种力量归纳起来有两条：华盛顿经济共识和华盛顿安全战略。①

当今世界确实面临着赫尔德所提到的种种危机。正如习近平主席所说，当代世界的"全球治理"面临三大赤字：和平赤字、发展赤字和治理赤字，这是全人类面临的严峻挑战。在相当程度上，这些问题都是"西方的"和"现代的"，因此要解决这些问题，必须对西方所主导的现有世界秩序作出部分解构和重构。这就势必需要发掘中国和东方的智慧、思想资源和制度设想。

———————————

① 戴维·赫尔德：《全球化的危机与出路》，黄振乾译，《环球时报》2004 年 10 月 18 日。

第二章

全球治理：实践与演进

　　从 20 世纪初国际联盟（国联），到第二次世界大战后政治安全领域的雅尔塔体系、经济金融领域的布雷顿森林体系、贸易领域的关贸总协定，从金本位到美元本位的全球货币体系，从凡尔赛—华盛顿条约到《联合国宪章》和联合国及其专门机构组成的联合国体系，从美国和苏联两极主导到七国集团一统天下，再到后金融危机时期二十国集团探索全球治理领域的"东西方共治"，波澜壮阔的历史画卷充分展示出全球治理实践在大国博弈夹缝中艰难演绎的历程。

第一节
全球治理的实践发展

　　现代全球治理大致可以分为三个阶段：第一阶段是从 1945 年到 1975 年，即从联合国和布雷顿森林体系诞生延续到西方七国集团一统天下的经济体系。严格讲，这一阶段只能说是"国际或国家间治理"，还不是真正意义上的"全球范围治理"。

1944 年 7 月，44 个国家的代表在美国新罕布什尔州布雷顿森林举行会议，会议宣布成立国际复兴开发银行（世界银行前身）和国际货币基金组织（IMF）两大机构，确立了二战后以美元为中心的国际货币体系，即布雷顿森林体系。图为参加会议代表合影。

第二阶段是 20 世纪 70 年代末到 2008 年全球陷入金融危机。这一阶段世界多极化和经济全球化发展势头迅猛。冷战结束，苏联和东欧国家相继垮台，全球政治经济版图被重新绘制。拉美、俄罗斯、亚洲等地区和国家接二连三地出现金融和经济危机。富国与穷国差距拉大，世界绝对贫困人口不降反升。西方新自由主义在全球泛滥成灾。各国进入新世纪后痛定思痛，反思"华盛顿共识"究竟是福是祸，市场与政府关系究竟如何处理？里根经济学和撒切尔主义催生多少泡沫经济？这些问题引发的反思，推动全球治理自 20 世纪 90 年代起出现改革势头。

第三阶段自 2008 年金融危机爆发至今。"全球性问题需要全球解决办法"，把经济完全交给市场的结果是危机不断发生，如同坐过山车。各方开始认真思考全球治理改革问题。全球治理改革涉及各方利益再分配、再调整，大国之间、各集团之间的博弈和较量风生水起，至今方兴未艾。

一、"中心—边缘"国际体系

全球治理的本质是国际制度和规则的制定和落实。我们现在拥有的以联合国为核心的国际制度和规则，包括全球治理体系，是二战结束时由美国主导建立，在战后几十年里逐步健全、完善的。从全球化和全球治理的近现代历史看，欧洲人在 19 世纪建立了"中心—边缘"的国际体系，但是那种全球化究其根本还是殖民体系的"治理"，是欧洲这些"中心"国家治理"边缘"的殖民地和半殖民地，算不上真正的全球化和全球治理。历史的车轮滚滚向前，直到 20 世纪后半期，随着发展中国家整体力量的上升，世界力量格局发生了根本性的变化，才开始有我们现在所理解的全球化和全球治理。

　　20 世纪人类经历两场世界大战和数十年两大阵营的"冷战"。二战后人类汲取历史惨痛教训，建立了以联合国为核心的国际体系，以及以世界银行和国际货币基金组织、世界贸易组织（之前为关贸总协定）为基础的国际金融和贸易体系，创造了长达 70 多年的世界和平和经济繁荣。这轮全球化的发展如火如荼，势不可挡，席卷全世界，从而就有了真正意义上的全球治理。然而，世界秩序，无论是政治秩序还是经济体系，基本上还是围绕"中心—边缘"的国际体系在运转，也就是西方（美国和欧洲）为中心，广大发展中国家处在边缘地带。全球治理基本上是"西方治理"，其他国家"被治理"，西方制定国际规则，其他国家遵循这些规则。

　　进入 21 世纪以来，发展中国家，也就是原来的"边缘国家"力量上升，

2001 年 11 月 11 日，中国加入世贸组织议定书仪式在卡塔尔首都多哈举行。当年 12 月 11 日，中国正式成为世贸组织成员。

世界力量平衡出现了历史性的新格局，全球治理也开始从"西方治理"向"东西方共同治理"转变。世界不断进步的同时，变化更是日新月异，技术革命、文明冲突、贫富矛盾，在全球化的助推下，在社会和国家内部以及国家之间产生了巨大的碰撞与激荡，火花四溅，新旧格局转换的特征十分明显。全球治理因为美国的单边主义受到一些冲击，但美国很快意识到当"世界警察"的滋味不好受，负担也很重。于是奥巴马总统上台后更多注重"国内政治议程"，美国对外战略从欧洲和中东两个战略板块收缩，重点转向亚洲，搞"亚太再平衡"，把重心从全球反恐转向应对新兴大国的崛起。特朗普总统入主白宫后，国内政治优先、"美国第一"趋势更强、更功利化，民粹主义和保护主义盛行，回归"孤立主义"传统势头颇健，美国国内传统主义者和全球主义者两大派博弈加剧。美国作为全球治理主导方的这些政治蜕变和逆转，严重冲击了现有全球治理的框架，使得治理"无序"和"碎片化"更趋严重。

在世界多极化和经济全球化加速发展的同时，地缘政治矛盾升级，大国关系更加错综复杂，全球性挑战不断涌现，国家利益与国际社会利益的错配和冲突经常发生，国际秩序出现前所未有的不确定性和不稳定性。国际秩序和全球治理的大变化、大挑战、大动荡已经成为世界政治的"新常态"，而且将持续相当长时间。

世界经济经过几十年的迅速增长，旧有发展模式的动能已经耗尽，新的增长"发动机"尚未产生，原有国际合作模式以及贸易、金融体系是与"中心—边缘"国际体系相配套的，显然难以适应全球化新时代错综复杂的新局面，各国经济普遍进入调整、转型的艰难爬坡阶段。世界经济进入长周期性缓慢增长的"新常态"。主要大国因所处地位和历史传承的不同，对经济发展战略的短期和长期考虑有不小区别。

作为国际秩序主导者和世界"中心—边缘"体系的继承与维护者，

2017 年 6 月 1 日，美国华盛顿，示威者聚集在白宫外，抗议特朗普宣布美国将退出应对全球气候变化的《巴黎协定》。

目睹世界力量格局的变化、全球治理从"西方治理"转向"东西方共治"，美国面临内外双重冲击，全球控制力下降，国内社会裂缝加深，表现出对中国等发展中国家力量上升的强烈"战略焦虑"和对全球化新时代本能的抵触情绪。精英阶层叹息美国主导的"自由民主秩序和体系"开始崩塌。美国对外政策摇摆严重，既作全球战略收缩，回归孤立主义传统，又试图通过修改国际规则、加强军事力量，来维护其世界霸权地位。特朗普政府奉行"美国第一"的狭隘民族主义政策，放弃"跨太平洋经济伙伴关系协定"（TPP），退出国际社会来之不易的应对气候变化的《巴黎协定》，退出联合国教科文组织，对中国也对美国盟友挥舞贸易制裁的大棒，遭到各国包括其盟友的抵制和反对。

二、全球治理与地缘政治动荡

哈佛大学约瑟夫·奈（Joseph S.Nye, Jr.）教授说，过去 30 年，全球化成为人类历史进程中最重要的现象。以经济全球化为核心的全球化浪潮在推动世界经贸发展、文明对话交融、民众交流往来的同时，也导致经济危机、能源危机、粮食危机、地缘冲突、生态恶化、国际犯罪和贫富差距加大等负面因素集中爆发、相互交织。

全球化迅猛发展也带来"全球治理赤字"。全球经济被西方金融垄断资本绑架，资本无节制地疯狂追逐利润，金融衍生品泛滥成灾，虚拟经济发展迅速，渐渐脱离实体经济，自我循环，自我膨胀，直至"大而不能倒""大到不敢倒"。世界经济步入十分危险的轨道，不断发生大规模全球性金融和经济危机已成为国际社会面临的"灰犀牛"挑战。

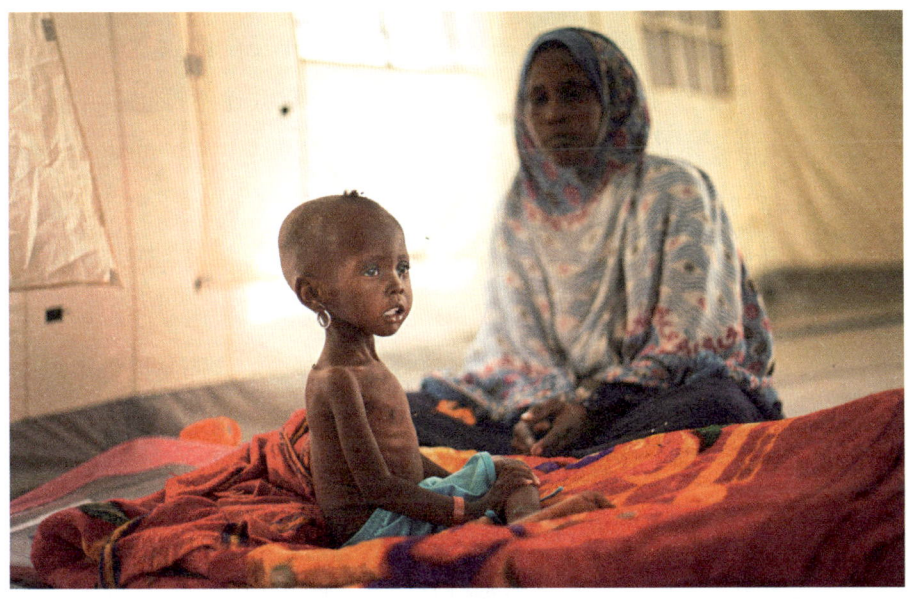

据世界银行统计数据，2015 年全世界极端贫困人口为 7.02 亿，占全球总人口的 9.6%，主要集中在撒哈拉以南非洲以及西亚等区域。图为严重营养不良的尼日尔儿童。

在全球经济产能大量过剩、流动性肆意泛滥的今天，仍有 7 亿多极端贫困人口（每日生活费低于 1.9 美元）。全球官方发展援助（ODA）经费逐年减少，发达国家除北欧等少数国家外，均未能达到联合国要求国际援助占国民收入总值 0.7% 的目标。上述问题涉及所有国家和地区，十分复杂，迫切需要国际社会携手合作，共同应对。不难看到，全球治理改革的研究与实践将成为 21 世纪人类经济和社会发展最重要的命题之一。

需要强调的是，现代意义上全球化带来的显著变化，尤其是垄断金融资本在全球流动并对全球经济走向起主导作用后，就是人类社会的发展重心开始从以往民族国家政府统治，逐步迈向区域治理和全球治理。这显然涉及一系列复杂而敏感的国际政治经济、主权独立、领土完整，以及各种形式国际和地区合作与一国国内政策关系等重大的地缘政治、地缘经济问题。而地缘政治的腾挪转折则对全球治理有着根本性的影响，因为全球治理主要集中在经济和安全两大领域，安全环境的变化严重影响经济发展，反之，经济长期低迷不振也会给国家和地区安全带来不稳定。

2011 年初发端于突尼斯的西亚北非动荡或称"阿拉伯之春"，是个十分突出的例子。它引发突尼斯、埃及、利比亚、叙利亚等国局势急剧动荡，凸显全球化背景下政治威权和强人统治式微。利比亚和叙利亚危机中，长期专制和强人家族统治、经济停滞不前，尤其是大批青年人失业，加上新媒体动员能力和信息传播扁平化，社会不满情绪一经"点燃"，便"星火燎原"，一发不可收拾。西方国家和媒体在这方面以推广"自由民主"为由明里暗里进行各种形式的干预，推波助澜，唯恐天下不乱，是中东持续动荡、混乱的"麻烦制造者"。"阿拉伯之春"历时数年，如今中东已是萧瑟一片，成为"阿拉伯之冬"。伊拉克、埃及、利比亚、

"阿拉伯之春"后，地区争端和内战、恐怖袭击、经济困局、文化冲突仍然困扰着这片土地。图为2017 年 1 月 14 日，叙利亚伊德利卜，反对派武装控制区遭空袭后，民众在废墟中捡拾橙子。

叙利亚、也门等国无一不被内乱和战争所摧残、蹂躏，生灵涂炭，民不聊生。阿拉伯国家的悲剧令世人心痛。这次动荡是在经济全球化和西方民主化浪潮双重冲击下，阿拉伯国家政治、社会矛盾的集中爆发。阿拉伯国家任何变革都将寻求维护伊斯兰文化传统和实现社会生活现代化的平衡。随着全球化深入、新媒体技术的发展、伊斯兰逊尼派和什叶派对立加剧，中东乱局将持续相当长时间，地区各国寻求稳定的国家形态绝非易事。

更有甚者，西方国家利用全球化和信息革命在一些国家推行"颜色革命"，搞"政权更迭"。2014 年初，发生在乌克兰的动荡以及随后美俄进入"新冷战"是又一个典型例子。

乌克兰危机发生后，人们对"颜色革命"的关注再次上升。乌克兰

在战火中严重损毁的乌克兰顿涅茨克机场航站楼。顿涅茨克机场曾是乌克兰第二大国际机场,自乌克兰东部战事爆发以来,顿涅茨克机场一直是乌政府军与当地民兵武装激烈争夺的战略要冲。

危机可以说是西方利用"颜色革命"等手段长期挤压俄罗斯战略空间造成的,是美俄战略矛盾长期积累的爆发。据透露,美国和西欧国家在德国统一时曾就北约不进行东扩向前苏联领导人作出过承诺。不管这种说法是否属实,过去几十年地缘政治的现实是,北约和欧盟东扩步伐一刻也没有放松,在前苏联地区搞"颜色革命"也没有些许松劲。

美国从其全球战略考虑对欧洲有两大忧虑:一是担心欧洲在全球地缘政治上与美国渐行渐远,西方盟友阵营趋于松散;二是普京上台后振兴俄罗斯有方,美担心俄东山再起,挑战美国的霸权地位。乌克兰危机是美国施展"一箭双雕"的绝佳机会,既巩固了美欧联盟,又遏制、削弱了俄罗斯,为美战略重心继续向亚洲转移巩固了欧洲大后方。

再回头看"颜色革命",狭义是指在前苏联范围内旨在推翻苏联解体后建立的由苏联权力人物领导的政权，建立摆脱传统俄罗斯影响、基于西方价值观、更加亲西方政权的"革命"。从更大范围看，可以说"颜色革命"的主要目的是美欧国家支持旨在推翻本国传统政权、以西方价值观为旗帜建立亲欧美政权的"政权更迭"。

冷战结束后，美国自认为世界政治的"历史已经终结"，美式资本主义自由民主制度安排从此可以一统天下。自那以后，出于战略利益和意识形态的需要，美国和西方国家推动"颜色革命"更加不遗余力，希望将整个世界都改造成"美国治下"的世界。

如果哪个国家"改造"不顺利，美国和西方就会在这个国家发动"颜色革命"，乃至直接动用军事手段，实现政权更迭。"颜色革命"很多情况下是西方利用自身或目标国亲西方的非政府组织，培植亲美、亲西方的反对派势力，以"民主"、民生等问题做切入口，煽动百姓的不满情绪，鼓动街头政治和示威游行，并利用美国主导的强大舆论机器宣传该国政府如何压制"民主自由"、"专制独裁"、腐败透顶等等。它们一方面在政治、财政上支持反对派，将反对派目标引向"政权更迭"；另一方面动员世界舆论抹黑该国政府，尽量把水搅浑，对当局用国家机器维护秩序贴上"镇压百姓、践踏人权"等标签，渲染当局的暴力行为，为下一步借"保护责任"名义进行直接干涉包括军事介入做好铺垫。面对美国和西方铺天盖地的价值观导向和舆论话语权，遭遇"颜色革命"的国家往往毫无回手之力，被一步一步逼到悬崖的边缘。美国与西方国家在"颜色革命"的同时，采取制裁、禁运等外部施压措施，甚至直接进行军事干预，直至完成政权更迭。这差不多已经变成"颜色革命"的标准化模式。

恩格斯说过："历史是这样创造的：最终的结果总是从许多单个的意志的相互冲突中产生出来的，而其中每一个意志，又是由于许多特殊的生活条件，才成为它所成为的那样。"进入新世纪后新媒体和社交媒体的迅猛发展被"颜色革命"推动者所充分利用。"茶杯里的风暴"也能掀起狂风巨浪。

主要大国在这场国际体系历史性的巨变中，利用国际秩序碎片化带来的机遇和混乱，或主动或被动，全力运筹修改和制定全球治理规则和理念，明里暗里在热点问题上利用联合国安理会和人权理事会等场合展开激烈的博弈。矛盾集中表现的地方之一，是维护以民族国家主权为基础的《威斯特伐利亚条约》式的现代国际体系，还是奉行新干涉主义、以"西方治理"为核心的全球治理体系？是不干涉内政等《联合国宪章》宗旨和原则首肯的国际关系基本准则存续，还是让"保护的责任"超越主权不可侵犯原则？

在 1994 年的种族大屠杀中，约有 80 万—100 万卢旺达人在短短 3 个月中丧生，数百万人流亡国外，成为二战后最惨痛的种族清洗事件。如今，卢旺达虽已和平、稳定，但仍贫穷落后。

"保护的责任"问题值得高度重视，其思想起源于 20 世纪中叶《世界人权宣言》，而真正受到国际社会重视则是 20 世纪末期和 21 世纪头一二十年。这主要缘于一些国家特别是欧洲国家的"人道主义情怀"以及上世纪末它们对在非洲和东欧出现的"种族清洗"等问题的反思，尤其是非洲大湖区卢旺达大屠杀令人震惊，凸显联合国人道主义干预能力的缺陷。

在时任联合国秘书长安南极力推动下，由澳大利亚前外长欧文斯和阿尔及利亚资深外交官萨努领导的委员会提出了"保护的责任"概念，并就具体内容做了诠释。2005 年联合国大会以决议形式正式通过了这一国际法新概念。该联大决议同时对"保护的责任"作了框架性约束，强调军事行动是最后手段，行使"保护的责任"首先应考虑外交选项。但西方国家在行使"保护的责任"时经常塞入"私货"，动辄借此采取军事行动，实现政权更迭的目的，并以此绕开中国、俄罗斯和许多发展中国家坚持的国家主权不可侵犯原则。

20 世纪 90 年代西方国家在波黑、科索沃等地的军事行动，以及近几年在利比亚、叙利亚等国的军事干预，都是把"保护的责任"作为动员舆论和采取行动的"令旗"。有时候确有联合国安理会授权，但西方国家任意扩大授权，暴露了其假公济私的图谋。譬如利比亚问题，安理会决议授权建立"禁飞区"，而北约却肆意扩大授权，出动战机轰炸利比亚军事和其他设施。有时压根没有安理会授权，北约就自己行动，如对科索沃和前南斯拉夫地区的武力干涉就是如此。

美国对"保护的责任"问题态度有些暧昧，完全采取双重标准和实用主义做法。美国主要担心如果完全认同这一思想，其在全球采取军事行动的"自由"可能会受到约束。美国前驻联合国代表萨玛萨－鲍威尔在国会提名听证会上说，"'保护的责任'不如美国实践和政策重要，

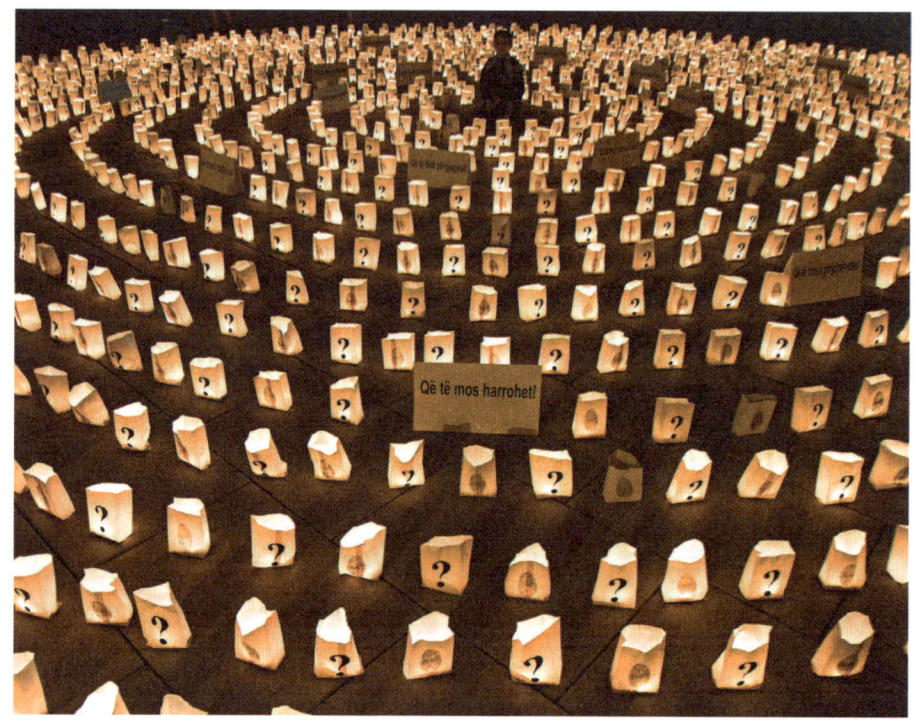

2013 年 4 月 26 日，科索沃普里什蒂纳，人们点燃蜡烛纪念 20 世纪 90 年代末科索沃战争中的失踪人员。

美国在他国平民遭受本国政府或非国家行为体屠杀时，会义不容辞地寻求解决办法。"

　　许多发展中国家对"保护的责任"问题持强烈异议，担心被西方滥用，损害小国的安全利益。因为联合国大会已经有过决议，虽然没有刚性约束力，但道义上也不能反对。巴西想了个办法，它没有正面反对"保护的责任"，而是在联合国提出了"保护中的责任"问题，要求对行使保护责任的行为进行规范和约束，以削弱"保护的责任"的负面影响。

　　值得注意的是，在 2014 年乌克兰动乱中，俄罗斯总统普京接过"保护的责任"这个经常被西方国家使用的概念，作为俄罗斯对克里米亚进行军事干预的理由，令西方国家目瞪口呆。这些年来"保护的责任"问题已经引发国际社会广泛讨论，无疑将成为新世纪全球政治安全治理的重要命题之一。

三、全球治理演变趋势与现状

第二次世界大战后，随着除美国外西方列强实力的严重削弱、苏联社会主义价值观的持续输出、广大被压迫国家人民的持续斗争，许多殖民地纷纷取得国家独立。然而，由于这些国家缺乏国家治理的经验，加之新旧秩序切换期间长期被掩盖的族群矛盾等集中爆发，发展中国家开始了漫长的政治秩序重建与经济发展模式探索。

到20世纪70年代，"亚洲四小龙"取得了举世瞩目的发展成就，为广大发展中国家提供了美苏模式外又一种新发展模式。进入21世纪，长期进行探索的发展中国家取得了新的成就，以中国为代表的新兴及发展中国家出现了令人欣喜的群体性崛起，成为全球经济发展的重要推动力量，促使国际力量对比和格局发生重大变化。

从全球经济实力的对比来看，新兴及发展中国家占世界经济的比重呈日益上升趋势。2000年至2016年，新兴及发展中国家占世界经济比重由23.6%上升到38.79%，西方发达国家则由76.4%下降为61.21%。新兴国家的力量上升促使全球经济版图朝着更均衡的方向发展。①

到2016年，一些新兴大国在世界经济排序中占据了非常重要的地位，其中中国居世界第二，占世界经济比重14.80%；印度居世界第七，占世

---

① 根据国际货币基金组织数据库计算得出，参见 International Monetary Fund World Economic Outlook 2000-2017. http://www.imf.org/external/pubs/ft/weo/2017/01/weodata/index.aspx。

2017 年中国 GDP 总量为 82.7 万亿元，比上年增长 6.9%，占世界经济的比重为 15% 左右，稳居世界第二位。

界经济比重 2.80%；巴西居世界第九，占世界经济比重 2.40%；韩国居世界第十一，占世界经济比重 1.90%；俄罗斯居世界第十三，占世界经济比重 1.80%。[①]

同时，近年来新兴国家经济增长率一直高于西方发达国家，由此产生的积累效应使得前者在世界经济中占据越来越重要的地位。过去作为世界经济支柱的西方国家，发展脚步逐步放慢，对世界经济贡献力显著降低。这样的分化现象既发生在世界经济宏观形势相对稳定的时期，也发生在世界宏观经济形势急剧震荡时期。在可以预见的未来，这一总体趋势有可能继续下去。

当今世界整体力量的变化，促使国际权力分配方式及其制度作出了

---

① 根据国际货币基金组织数据库计算得出，参见 International Monetary Fund World Economic Outlook 2000-2017. http://www.imf.org/external/pubs/ft/weo/2017/01/weodata/index.aspx。

2008 年 11 月 15 日，二十国集团首届领导人峰会在美国首都华盛顿举行，图为与会领导人合影。

相应调整。冷战期间，世界的权力格局体现在二战后美苏主导的雅尔塔体系。冷战结束后，世界安全局势大为缓和。苏联的崩溃及其主要继承者俄罗斯的疲弱使得美国成为世界唯一超级大国，甚至成为某种程度上的"世界警察"。在这种形势下，以 G7（后来吸收俄罗斯成为 G8，现在因为乌克兰危机又把俄罗斯剔出，恢复为 G7）为代表的国家间协商机制开始成为联合国外的重要经济治理机制。之后，随着新兴国家力量的日益增强，G8 不得不采取妥协，从 2003 年起加强与主要发展中国家的对话，逐步建立了 G8+5 机制。该机制虽然往"东西方共同治理"方向迈进了一小步，但依然是 G8 主导。2008 年世界金融危机后，西方国家意识到仅仅依靠 G8 或者"G8+"模式无法应对这次危机，遂决心与对世界金融市场有举足轻重影响的主要新兴国家展开合作，放弃 G8+5，启用 1999 年亚洲金融危机后创立的 19 国加欧盟的 G20，并将 G20 升格为峰会机制，以有效应对史无前例的世界金融和经济危机。

这一历史性变化丰富了联合国体系以外大国间磋商和应对危机的机制安排，反映了世界力量对比的根本性变化，世界格局从单极走向多极，全球力量的"大趋同""再平衡"催生了"国际权力分散"。这显然是目前和今后改革全球治理体系、重塑国际秩序的主要推动力。[①]

然而，这种多极化趋势的日益显现，逐渐与美国主导的国际秩序产生矛盾。美国主导的国际秩序其最大问题在于缺乏民主，并深深根植于美国国家利益。一旦现有规则不符合美国利益，美国便会绕开规则单独行动，甚至不惜以牺牲他国利益为代价。特朗普"美国第一"大旗下的保护主义和"贸易强权"就是再明显不过的例证。然而，当今世界已经建立了"你中有我，我中有你"高度相互依赖的利益共同体，任何一个国家的利益变动都会影响其他国家，反之亦然。美国经济霸权和精致利己主义与世界经济发展的大趋势和国际社会的共同利益格格不入，虽可能获得一些短期利益，但注定不可持续。

从全球治理的现状来看，当前欧盟内外交困，一体化进程遭受严重挫折，受"逆全球化"和民粹主义思潮的影响，2016年英国公投退出欧盟；许多欧盟国家政治极端化导致反欧盟、反全球化、反移民等现象此起彼伏，社会分裂严重；金融危机阴影始终没有散去，欧元存续问题、移民危机等，就像"达摩克利斯之剑"一直悬在欧洲国家的头上。欧洲作为全球治理的"特区"和"先行先试地区"前途未卜，令人担忧。事实上，欧洲在工业革命前后与东方的联系是十分紧密的，虽然那是一种居高临下、带有浓厚殖民色彩的国际交往，也就是上述"中心—边缘"国际体系。然而时代变换，国际规则和秩序随之发生变化，欧洲作为老牌帝国主义，还是"春江水暖鸭先知"，多多少少走在西方国家的前面，愿意与中国、

[①] 何亚非：从全球治理改革到重塑国际秩序，FT中文网，2017年3月27日。

2018 年 8 月 22 日，比利时布鲁塞尔，英国与欧盟展开新一轮"脱欧"谈判。

印度等发展中国家开展相对平等的合作，以适应历史的变化，跟上全球化新时代步伐。欧盟在对待中国"一带一路"倡议上，虽有疑虑，却比大西洋彼岸的美国反应积极，凸显了欧盟亟需自救自助、突破困境的现状。

日本在全球地缘政治中始终唯美国马首是瞻，虽然心里并不情愿，但是历史和现实的现状使然，日本没有太大选择余地。在美国积极推行新保守主义主导的"亚太再平衡"和"转向亚洲"战略以及"离岸平衡"政策的背景下，日本右翼势力似乎看到了新的希望，他们再次掌握政权，鼓动走所谓"正常大国"道路，希冀重新登上亚洲"领头雁"的地位。日本从反面曲解中国的发展壮大的历史意义，避而不见中国坚定不移走和平发展道路的决心和实践，一心想拉住美国这张"虎皮"作大旗，错误地选择了一条与中国争夺亚洲特别是东亚领导权的不归路，而不是走与中国互利合作的双赢道路。因此，东亚政治经济的不确定性和不稳定性，与美、日相互利用，联手对付中国的地缘政治战略有非常大的关联。

俄罗斯在经历了冷战的惨痛失败和西方战略挤压后，绝地反击，呈现强硬的反弹，外交进取性和进攻性都在增强，在乌克兰和叙利亚等地缘政治的博弈中始终保持主动，全球战略地位正在恢复。虽然由于油价的下滑和世界经济环境恶化等因素，俄罗斯经济发展遭遇一些"逆风"，但总体向上的势头显而易见，作为世界力量重要一极的地位不会改变。

与此同时，新兴经济体尤其是中国在全球化和全球治理中的作用更加突出，中国的发展道路、发展模式以及"东西方共同治理"这种新的全球治理模式受到各方关注和接受。中国已经站在世界舞台的中央，正站在新的历史起点上，将推动全球治理向更加公正、公平、合理的方向发展。中国 2016 年 9 月成功举办 G20 杭州峰会，2017 年 5 月举办"一带一路"国际合作高峰论坛，成绩斐然，吸引了世界的眼球，已经成为

2016 年 9 月，二十国集团领导人杭州峰会在杭州举行，图为中国国家主席习近平同与会领导人和国际组织负责人合影。

全球治理体系的引领者之一。当然，这并不表明中国就此已经成为"世界的领导者"。从历史经纬看，中国的发展与全球治理体系的改革和发展，在历史时间节点上重叠，更加凸显中国智慧、中国思想对改革和完善全球治理体系的重要性，更加凸显习近平主席提出以中国智慧、中国思想、中国方案为世界提供全球公共产品的远见卓识。

习近平主席 2013 年提出建设"一带一路"倡议；2015 年在博鳌论坛上提出"亚洲文明对话"的倡议；2016 年主持 G20 杭州峰会提出一系列中国思想和方案；2017 年初，在达沃斯论坛提出建设"人类命运共同体"的愿景。这些创新全球治理的思想和倡议构成了中国提供的全球公共产品，体现了中国"达而兼济天下"的"天下大同"哲学思想，是中国践行全球治理新理念，对世界文明和全球治理的新贡献。

中国在全球治理体系改革方面，将坚定不移地维护二战胜利后形成

2017 年 5 月，"一带一路"国际合作高峰论坛在北京雁栖湖国际会议中心举行，图为中国国家主席习近平同与会领导人和国际组织负责人合影。

的以联合国为核心的国际秩序和全球治理体系；将继续积极推动 G20、金砖机制、上海合作组织、亚洲基础设施投资银行、新开发银行等新型国际机制、制度和规则的发展；将倡导国际关系民主化和合作共赢、共同发展的全球治理新理念，以给予发展中国家更多话语权和决策权，使全球治理体系更加平衡、公正、公平；将倡导文明交流和文化融合，摒弃"文明冲突论"，坚持"和平与发展"道路，推动超越地缘政治狭隘考虑，正确处理大国关系，防止陷入"修昔底德陷阱"，以维护全球治理所需要的长期和平的国际政治和安全环境。

第二节
全球治理：困境与挑战

当前西方世界与发展中国家发展态势的显著分化，使得全球治理体系中不同国家力量分配及其权力份额产生巨大错配，旧有权力格局与分配模式问题凸显，全球治理公共产品的有效供给日益不足，全球治理进一步陷入"碎片化"和"无序"困境。

一、全球治理体系"失衡"

从英国公投退出欧盟到美国大选出乎意料的结果，从意大利修宪公投失败到法国右翼政党"国民阵线"的崛起，民粹主义思潮卷土重来，逆全球化来势凶猛，全球治理"失序"和"碎片化"如水漫金山、满目疮痍，现有以西方"自由民主思想"为柱石的"全球自由秩序"（Global Liberal Order）正在经历自西方工业革命以来最为严重的分崩离析和系统性危机，世界进入全球治理体系改革与国际秩序转换和重塑的新历史时期。

（一）全球治理体系权力分配失衡

在当今国际体系中，无政府状态是全球治理体系运行的根本性前提。当今全球治理的主要组织——联合国、世界银行、国际货币基金组织都是战后由美西方主导建立和主导运行的。这些组织建立之初，由于西方发达国家的整体实力在全球范围内处于压倒性优势，因而这些组织的架构和议事规则往往有利于西方国家，发展中国家处于话语权、决策权长期缺失的尴尬处境。

世界银行作为国际间经济、金融合作的主要机构，在协调各国经济关系、稳定世界经济秩序方面有重要作用。然而长期以来，西方国家拥有这一机构的压倒性投票权。2010 年，在 G20 推动下，对世界银行进行了份额调整，发展中国家整体份额即投票权从 44.06% 提高到 47.19%。[①]然而，美国的投票权仍为 15.85%。按照制度设计规定，世界银行重大政策提案的通过，须得到占投票权总数 85% 以上的支持，美国拥有事实上的否决权。因此，一旦世界银行的借款国与西方大股东特别是美国发生矛盾时，他们就会凭借否决权对这些国家的贷款审批制造麻烦，借此施加政治压力，强迫这些国家按照西方"华盛顿共识"的模式进行"政治经济改革"。例如 1989 年世界银行对中国政治形势的干预以及 1999 年对俄罗斯车臣问题的干涉均反映了上述问题。

同样的问题也存在于国际货币基金组织（IMF）。国际货币基金组织是重要的国际金融与货币协调组织。国际货币基金组织主要是使用其特有的"份额公式"鉴定成员国在世界经济中的地位，并在此基础上分配给成员国"特定份额"。份额对于成员国至关重要，因为它决定了成员国在 IMF 的表决权，是成员国可以向 IMF 提供资金以及从 IMF 借款

---

① 《世行投票权改革迈出历史性一步》，《人民日报》2010 年 4 月 27 日，第 3 版。

2009 年 10 月 5 日，世界银行和国际货币基金组织联合发展委员会在伊斯坦布尔发表联合公报，重申投票权公平分配和提高发展中国家话语权的重要性。

的最高限额之依据。在 2015 年国际货币基金组织份额调整后，少数发达国家投票权重依然高达 57.7%，发展中国家整体为 42.3%。其中美国为 17.45%①，仍拥有一票否决权。正是这种投票权利的不对等，使得一些国家遇到经济危机向国际货币基金组织求救时，被迫接受国际货币组织对其国内经济政策的监督，国家经济主权遭到严重挑战。1997—1998 年亚洲金融危机时，一些不得不向国际货币基金组织求助的国家对此深有感触。

发达国家垄断了这些全球治理主要组织的决策权，导致广大发展中国家对国际重大经济事务的话语权严重不足，发达国家与发展中国家本

---

① 参见国际货币基金组织 2010 年改革方案，http://www.imf.org/external/np/sec/pr/2011/pdfs/quota_tbl.pdf。

2016 年 1 月 27 日，国际货币基金组织（IMF）宣布，IMF2010 年份额和治理方案已正式生效。根据方案，约 6% 的份额将向有活力的新兴市场国家转移，中国、巴西、印度和俄罗斯 4 个新兴经济体将进入 IMF 股东行列前十名。

就存在的发展鸿沟进一步扩大，严重影响全球治理的公平和公正，不利于世界秩序的稳定。

（二）西方政治体制出现制度性危机

当前全球治理的混乱和"无序"，还源于西方国家内部治理失序和社会分裂。2008 年全球金融危机过去 10 年了，世界经济虽然开始复苏，依然缺乏增长动力，系统性金融风险继续累积，债务危机持续在欧洲、日本和一些发展中国家发酵。在新工业革命和信息革命叠加的今天，美国推崇的经济新自由主义已经失去市场，各国都在探索新的经济发展模式和发展道路，并在思考政治体制的有效保障作用。

由于全球化进程中市场效益与社会公正平衡没有把握好，国家之间和一国内部贫富差距不断扩大，引发反全球化和民粹主义力量上升，已经影响许多发达国家的政治生态。近年来大国地缘政治的争夺和博弈因力量格局变化呈加剧趋势，冲击了世界和平与发展的大势。这些历史性变化近年来交错纠结，日趋激烈和表面化，暴露了西方政治制度存在的制度性缺陷，从而触及现有国际体系和世界秩序的根基，值得我们认真研究。

美国等西方发达国家一直奉行精英治国、西方精英治理世界，因此，在政治体制和经济模式上，设计了一整套所谓西方的"自由民主"（Liberal Democracy）制度性安排，不仅在美国和其他西方国家实行，还以强大军事实力和强势意识形态做后盾，不惜利用军事干预和"颜色革命"等极端手段在全世界推而广之。这实际上是以往全球治理中"西方治理"的核心所在。

然而，如今美式"自由民主"及其制度性安排，无论在理论还是实践中，都出现了自身无法克服的困难和危机，具体表现在：

从国际环境看，2008 年全球金融危机击碎了美西方的经济新自由主义理论和"华盛顿共识"经济治理方案的"优越性"，令他们丧失了全球治理的"道德高地"。而中国等发展中国家和新兴经济体集体崛起，发展势头迅猛，其占全球经济总量比重已超过 50%，出现了西方工业革命几百年以来发达国家与发展中国家之间力量的"大趋同"（Great Convergence），打破了延续至今的"中心—边缘"型国际格局。尤其是中国以自身发展壮大为佐证的中国发展道路和模式的成功经验，为发展中国家提供了可供选择的新的发展路径。上述历史性的变化正深刻改变着世界政治、经济版图和格局，将重新塑造新世纪的世界秩序。

从美西方国家内部看，党派政治的相互"否决"使国家大事的决策

2008 年，美国次级住房抵押贷款市场危机愈演愈烈，并逐步升级为一场席卷全球的金融危机，严重影响了全球经济的健康发展。图为美国纽约证券交易所交易大厅。

日益被利益集团所绑架，陷入无休无止的争论和相互攻击，结果常常一事无成。奥巴马上台时雄心勃勃，改革方案胸有成竹，然而碰到两党政治相互"掐脖"，其医改方案历经磨难，最后的版本千疮百孔，已然面目全非。特朗普一上台就废除了奥巴马的医改案，又一次"翻烧饼"。这样的例子不胜枚举。

更为严重的是美西方治理精英与普通百姓的矛盾与对立日益加深。精英们掌握资本和权力，不管经济如何跌宕起伏，手中的财富越积越多，美国 1% 的高收入阶层掌握了全国 40% 甚至更多的财富，而这些国家的普通百姓和工薪阶层并没有从全球化中获得相应的收益。相反，他们近二三十年平均收入下降、财富缩水、不安全感加深。这种精英与百姓的矛盾，也就是美国人说的"1% 与 99%"的对立，催生了 2016 年美国大选选民们厌恶和抛弃"建制势力"（The Establishment）的大浪，将特朗普推上美国总统的权力宝座。

在主要西方国家，民粹主义代替了民族主义和爱国精神，人们对传统的政治体制机制表现出极度的排斥和"轻蔑"，连"专家学者"也被戴上"与精英为伍"的帽子，遭人们嗤之以鼻。在美国，大企业、大银行、全球化都已经成为白人"工人阶级"的"死敌"。结果是，想赢得美国大选，与全球化相关的说法都要尽力避免。

从全球化与"反全球化"博弈角度来看，西方国家政治体制的制度性危机已经"水漫金山"，蔓延到整个发达国家群体。

从英国公投决定退出欧盟，到欧盟内部"南北"双方分裂和隔阂不断扩大，其背后反映的是欧洲反全球化力量的发展和蔓延，而代表这些力量的左右翼政党也已在各国政治舞台崭露头角，赢得越来越多的选票

2011年10月15日，纽约市成千上万人涌向城市中心时代广场，占领了百老汇大道数个街区，向全世界显示"占领华尔街运动"正在一步步升级。

和席位。可以预测，不用多久，一些西方国家很可能会出现以民粹主义为主导的政权。这直接挑战了西方所谓"自由民主"的政治体制，因为西方国家代表民粹主义的政党正是在强大民意支持下、遵循现有民主程序脱颖而出的。

现在看来，美西方国家这种政治制度性"腐朽"确已病入膏肓，导致了西方政治体制的制度性危机。尤其是西方跨国资本与权贵的勾结以及西方工会的不断衰落，使得在贫富差距扩大中受到伤害的西方民众的诉求得不到重视。于是以2009年"茶党运动"、2011年"占领华尔街运动"为标志，西方"社会主义"运动再次高涨，权贵阶层与普通民众出现严重对立、矛盾激化，并在2016年美国大选、意大利大选，2017年法国大选、荷兰大选中鲜明地表现出来。

以美国为首的西方国家所遭遇的历史性政治体制的制度性危机，并非出于偶然，而是历史之必然。美国政治学家福山（Francis Fukuyama）就2016年美国大选在《外交》杂志上撰文指出，令人奇怪的不是美国和西方国家如今民粹主义力量的疾速上升，而是为什么这股力量直到今天才真正登上美国的政治舞台，而不是更早的时候。他多年前已经发出郑重警告，西方政治和政治制度的"腐朽"（Decay）已经导致西方政府运作的严重困难，是西方国家真正的敌人。

二、全球治理理念与规则滞后

（一）全球治理滞后于全球化的新发展

当前全球治理虽有不少进步，但很大程度上依然停留在20世纪80年代的"华盛顿共识"基础之上，即减少政府干预、促进贸易和金融自由化、加大私有化。"华盛顿共识"在过去几十年主导世界经济，是全

在经过八年的债务危机和紧缩措施后，希腊经济恢复增长，于 2018 年 8 月 20 日正式宣布退出救助计划。图为雅典街头。

球治理"西方治理"的核心思想和发展模式。然而，2008 年的金融危机暴露了这一治理模式的严重缺陷。

这种治理模式完全依托西方自身经济发展的需要，与发展中国家国情的结合度、兼容度不足；同时，金融资本、国际热钱不受有效监管，经常导致国际市场动荡。1982 年的拉美主权债务危机、1997 年的亚洲金融危机、2008 年的世界金融危机、2009 年的希腊主权债务危机，无一不是金融资本肆意投机的结果。

与此同时，跨国产业资本全球并购、挑选有利其自身利益最大化的生产基地，导致国家间和各国内部贫富差距日渐增加，一些国家和地区沦为全球化的弃儿。这种全球范围资源的自由分配是经济全球化的必然，对世界经济发展起到了重要的推动作用；与此同时，资本无序流动和其逐利本性以及各国、各地区生产要素成本差距扩大，催生了各国和各地

2017 年 1 月 22 日，阿富汗喀布尔，因战争流离失所的民众暂时寄居在难民营中。

区在全球生产链的地位变化，也使得国家间和一国内部贫富差距扩大、社会更加动荡，一些国家甚至成为恐怖主义、国际难民的来源地。部分北非国家、叙利亚、伊拉克、阿富汗等无一不是因严重贫困和外部干预导致原有社会结构解体、政治控制失灵，最后滑入"失败国家"的深渊。

（二）全球治理"西方治理"理念无法解释"中国模式"的成功

自新中国成立到改革开放，中国一直坚持走自己的路，逐渐探索出一套适合中国国情的发展道路。在 2008 年金融危机中，中国经济一枝独秀，并在稳定全球金融经济中发挥了"稳定锚"作用，获得世界高度认可。

从改革实践看，中国采取了渐进式的市场化改革道路，并没有像拉美国家一样照搬照抄"美国模式"，也没有采取俄罗斯激进式的"休克

经过 40 年改革开放，深圳由昔日不知名的边陲小镇发展为中国经济实力最强的城市之一，2017 年 GDP 超过 2.2 万亿元。深圳的巨变，正是中国发展的缩影。

疗法"，而是采取了坚持公有制经济为主体，多种所有制经济结合的中国特色社会主义制度。同时，中国政府利用其高效的动员机制，制定经济发展规划，将经济、社会和生态发展数据纳入干部绩效考核，使得经济出现了令人叹为观止的快速发展。

中国的发展模式完全超出了西方治理的经验范式，经济上没有采取西方的发展模式，政治上也没有走西方的"自由民主"道路，而是摸索出一套中国特色社会主义的新型发展模式，证明了非西方模式也可以实现国家的繁荣富强，这无疑为广大发展中国家的发展开辟了新路径。

"华盛顿共识"主张的自由民主制度、自由贸易、市场秩序和选举政治，根植于英、美央格鲁撒克逊历史传统，也从根本上服务于西方"中心—边缘"的全球治理和国际秩序。英美历史传统包含的雅典民主精神、基督教传统、法治传统、社会契约等基本要素，需要漫长而成本高昂的历史培养，但这些要素只是在西方发展过程中发挥过重要作用的"要素"而已，并非因此就具有"普世价值"，并非其他国家都必须遵循的放之四海而皆准的真理。

事实上，大部分发展中国家没有英美的历史文化传统，只是在殖民过程和美英主导的国际体系中"部分"或者"被动"地接受了上述传统的碎片，不接地气，也脱离这些国家的国情。历史和现实告诉我们，凡是采取西方"华盛顿共识"模式的发展中国家，到头来往往面临国内秩序无法顺利建立、政局持续动荡、经济难以健康稳定发展的困境。

中国发展经验和模式的历史贡献在于将国内治理、秩序建立与中国政治传统相结合，在保证政治和社会稳定的前提下，吸收了西方市场经济概念，使得中国经济充满活力。这种因地制宜的中国特色社会主义发展道路和发展模式，可以为那些尚未找到本国历史传统与现代化有效衔接方式的国家提供新的发展思路。

（三）全球治理规则滞后于全球化发展新变化

如前所述，西方社会面临较为明显的整体衰落，特别是政治制度安排的"落伍"，无法适应全球化迅速发展和非西方国家实力日益接近的世界政治经济版图的变化。

从人口结构看，西方国家整体人口增长缓慢，低于世代更替水平，人口老龄化严重。在世界人口的增长中，发达国家人口增长率不到0.5%，而发展中国家人口增长率为2.1%。1950年世界人口的33%生活在工业化国家，目前这一比例已降为20%。[①]人口是经济长期发展的根本性因素，

---

① 根据世界银行数据库查询数值整理所得。

结合前面所述新兴国家的发展势头以及全球产业迁移的趋势，无疑当前西方国家的整体实力已经与其在全球治理规则中占有的垄断地位不相匹配，全球治理需要向"东西方共同治理"稳定过渡，国际体系也应该进行相应的调整。

同时需要指出的是，新兴及发展中国家力量的逐渐增强，意味着未来的世界一定是各种文明共存、共生，相互补充、相互学习，更加多元、丰富、多彩的世界；未来的全球化将不再是西方推广其价值观的全球化，而是东西方多种文明文化、多种政治制度、多种发展模式相互交流、相互借鉴的新型全球化。而目前西方价值观主导的全球治理体系必然无法适应未来的新全球化。

（四）全球治理规则滞后于地缘政治格局新变化

西方实力整体相对下降带来的另一个严重后果就是西方国家旧有的全球治理体系和组织架构无法处理当前有关地区冲突加剧、政治社会分裂、经济严重落后的难题，这对世界和平与经济发展提出了严峻的挑战。

在西方国家实力较强的时期，虽然其处理世界政治经济问题的意图和方式饱受批评，但至少他们尚有解决全球性问题的意愿和能力，一些地区冲突等问题还处在可以大致控制的范围。而随着西方国家逐步衰退，其提供全球公共产品的意愿和能力下降，这些地区冲突与矛盾迅速发酵、蔓延，甚至连接成片，形成区域性乃至全球性热点问题。

在中东地区，美国全球战略中心转向亚洲导致美在该地区的全面收缩，那些一度转入低潮的地区冲突和族群矛盾迅速发酵，卷土重来：叙利亚内战爆发、也门内战持续、"伊斯兰国"迅速死灰复燃。而在解决这些地区冲突、矛盾的过程中，西方国家一方面心有余而力不足，一方面又希望继续独揽地区主导权，坚持绕开联合国操纵中东事务，致使这

2017 年 8 月 5 日，联合国安理会在纽约联合国总部通过一项针对朝鲜实施新制裁的决议，这份由美国向安理会提交的决议草案获得安理会 15 个成员国一致通过。

些难题迟迟得不到解决。而围绕剿灭"伊斯兰国"和平息叙利亚内战的军事行动甚至演变成多国支持各自势力的"代理人战争"，叙利亚和伊拉克这两个古巴比伦文明地区已经变成一片焦土。在朝鲜半岛，美国的战略意图始终与地区各国错配，目前，朝鲜半岛战争阴影挥之不去，和谈希望断断续续，给地区安排和长远经济发展造成障碍。

这些地区安全冲突久拖不决，无一不暴露出西方全球治理体系的缺陷。不同地区和族群有其内在的特殊性和差异性，西方传统的全球治理模式缺乏对其他国家、文明的基本尊重，不能因地制宜、因势利导，甚至从自身利益出发"支一派打一派"，激化了种族和族群矛盾，不仅无助于问题的解决，甚至引火烧身，陷入恐怖主义袭击的"汪洋大海"之中。

三、全球治理赤字与"无序"和"碎片化"

（一）全球治理供需失衡

首先是全球治理议题的泛化。由于现有全球治理制度设计与各国力量升降的矛盾，根本性的全球治理议题往往难以达成一致。大国之间缺乏对全球性议题设置的共识，区域大国/中等强国则因自身实力不足，将治理议题局限在环境、卫生、人权等专门议题中[①]，这使得现有全球治理的相当部分议题由中等强国推动甚至主导。而这些议题往往就事论事，相互割裂。那些真正关系到未来世界前途命运的重要议题很多陷入停滞，不了了之。

同时，由于国际体系单元的复杂性，国际关系行为体包括主权国家、由主权国家组成的国际组织、非政府国际组织、跨国公司、公民个人等。国际组织由此分为政府间国际组织和非政府间国际组织、全球性组织和区域性组织等。绝大多数的国际关系行为体都在一定程度上参与了全球治理的进程。[②]而目前的西方治理体系，显然未能在世界大国、中等强国、非政府跨国行为体间进行有效整合，无法形成合力来共同探讨全球治理的议题设置。

此外，西方全球治理模式由于长期由西方主导，使得治理模式缺乏透明度和民主性，导致不同国家对于全球治理的方式在认识上产生明显差异。不仅如此，全球意识匮乏、国家间信任不足使得不少国家对全球治理的参与度较低、积极性不高，这也加剧了目前的治理主体和模式的

---

① 唐纲：《中等强国参与全球治理研究——议程设置的视角》，上海外国语大学 2012 年博士学位论文。

② 同上。

2018 年 3 月 23 日，美国"国债钟"显示，美国国债总额已经突破 20.6 万亿美元，相当于美国每个家庭平均负担 37.2 万美元的债务。

碎片化状态。[1]

其次是全球公共产品匮乏。全球公共产品的供给过去主要依托西方主导的联合国系统、布雷顿森林体系等提供的全球公共服务。在苏联解体之后，这套制度的运行主要依靠美国担任消费者和借款人，美国政府通过政府支出及货币贬值来吸引国外需求。只要美国能够不断支出，其他国家心甘情愿继续使用美元，那么这个体系下的公共产品可以持续有效运行。但是，目前美国的问题在于其债务持续高速增长，到 2016 年，美国政府负债总额高达 19.97 万亿美元，占其当年国内生产总值的

---

[1] 赵隆：《全球治理中的议题设定：要素互动与模式适应》，《国际关系研究》2013 年第 4 期。

111%。① 目前，这一趋势还在持续，特朗普政府的减税和加强军事开支等措施陆续出台，美国透支现象日益严重。终有一天，美元体系的衰落和信用的过度透支，将使美国无法再像过去一样，持续地向世界举债、消费以拉动世界经济增长。这是美国不愿看到的前景，但是如果不予根本改变，很可能无法摆脱这一历史宿命。

在这样的背景下，西方主导的全球治理体系已经无法继续提供上述公共产品，更遑论提供符合国际社会现实需要的全球公共产品。霸权逐渐衰落的美国在提供国际贸易领域的全球公共产品上，无论是能力还是意愿都严重不足，从而转向以"美国第一"为准则修改国际贸易规则，不惜以贸易战为威胁，压制其贸易伙伴单方面作出让步。美国转向有选择性地提供成本较低的区域性公共产品，以维持霸权地位。② 这实际是滑向提供排他性的区域公共产品，造成非排他性的纯公共产品的匮乏，如集体安全的国际格局、稳定的国际秩序、良好的生态环境等。而这些公共产品恰恰是未来全球治理可持续、平衡、包容发展的重要依托。

（二）合作匮乏与非传统安全威胁外溢

一是恐怖主义蔓延。自9·11美国遭受恐怖袭击以来，国际恐怖主义经历了几个阶段的发展。9·11事件以后，基地组织在国际反恐联盟的严厉打击下，逐渐从一个中央领导、等级制的恐怖组织变成一个松散、去中心化的恐怖主义网络。③ 同时，由于一段时间内西方国家境内相对安全，西方国家开始执行打击恐怖主义的双重标准，对于其国境之外的恐怖组

---

① 数据来源为美国国会预算办公室，https://www.cbo.gov/publication/51384。

② 李杨、黄艳希：《中美国际贸易制度之争——基于国际公共产品提供的视角》，《世界经济与政治》2016年第10期。

③ 张家栋、朱道运：《基地组织现状与发展趋势》，《国际观察》2012年第5期。

织的打击力度降低。

这种打击恐怖主义的态度转变，使得松散的恐怖主义网络迅速发展，在一些地区形成了有组织培训和流程化的人员转移制度。其发展的结果就是更多的新恐怖分子以网络加入的方式成为基地组织分支，由从外部直接派员进入对象国实施恐怖行动逐步转向远程动员对象国内部激进分子就地发动恐怖袭击。特别是近些年社交网络的迅速兴起，使得利用社交网络动员组织恐怖事件出现蔓延之势。2014 年"伊斯兰国"兴起，标志着恐怖主义开始从一般组织向准国家组织转变[①]，使得恐怖主义由一个个零散的组织变为具有某种精神领袖性质的国际性组织，甚至将世界各地区的恐怖势力联合起来，对北非、西非、东非、阿拉伯半岛、南亚、中亚、欧洲等广大地区的安全局势产生严重影响。

当前世界整体处于大变化、大调整、大变革时期，不少地区贫富差距扩大，政治、族群、宗教、社会矛盾抬头，给恐怖主义的不断滋生提供了丰沃土壤。[②]这使得恐怖主义从过去的中东主战场扩散到世界各个角落，需要世界各国在全球层面达成相较过去更高水平的合作，以实现对恐怖主义泛滥的有效遏制。

二是能源和粮食安全问题凸显。能源问题是全球治理的重要内容。能源是人类生产、生活的重要凭托，能源问题的妥善处理具有关键性作用。传统上，能源安全主要涉及供给安全、运输通道安全以及能源市场价格的相对平稳。随着北美页岩气革命的成功和美国能源自给自足，《联合国海洋法公约》对能源运输通道安全赋予了法律保障，以及各国能源储备和消费类型的多样化导致能源价格无法被操纵，能源安全的传统威

① Audrey Kurth Cronin: ISIS Is Not a Terrorist Group: Why Counterterrorism Won't Stop the Latest Jihadist Threat, Foreign Affairs, March / April, 2015.
② 董漫远：《"伊斯兰国"外线扩张：影响及前景》，《国际问题研究》2016 年第 5 期。

2018 年 8 月 17 日，为纪念首个"纪念和悼念恐怖主义受害者国际日"，纽约联合国总部举行"在恐怖主义中幸存：受害者的声音"多媒体展览。图为联合国秘书长古特雷斯（右）在现场发言。

胁逐渐被解除。[1] 然而新的能源问题也随之产生。由于能源结构的多样化，使得原有能源输出国组织的控制能力逐渐下降，这些国家采取一致行动的意愿逐渐降低。与此同时，当前，以国际能源署、欧佩克、国际可再生能源署、国际原子能机构等为代表的能源组织均致力于稳定国际能源市场，保障能源安全，但各个组织的成立背景不同，关注重点各异，且正面临着日益严重的内部压力。[2] 此外，化石燃料所产生的温室气体排放和大气污染也饱受诟病，但解决温室气体排放的全球性气候协议虽有

[1]　参见《联合国海洋法公约》第 19 条，第 38 条，第 87 条，http://www.un.org/chinese/law/sea/。
[2]　参见马妍：《全球能源治理变局：挑战与改革趋势》，《现代国际关系》2016 年第 11 期。

2017 年 3 月，国际能源署发布未来 5 年原油市场分析和预测报告指出，如果新的项目不尽快推出，全球油市可能在 2020 年后"供不应求"。

进展，于 2015 年底达成《巴黎协定》，但那只是非常初步且以各国自愿采取行动为基础，远谈不上可以从根本上解决排放问题。最后，从根源上看，当前世界能源的跨国资本在新经济自由主义制度庇护下形成了利益集团，它们在各国展开游说并阻碍全球能源治理框架的建设，这使得能源的全球治理出现巨大难题。

粮食问题是目前全球治理中又一项颇为棘手的问题。自二战结束以来，全球共出现两次粮食危机。最近一次是 2007—2008 年以来爆发的粮食危机。这次危机中，因粮食供给与需求的巨大差距，粮食价格涨到二战以来最高水平。这次危机的主要原因是原油价格上升、生物燃料研发的粮食消费、低粮价导致的生产不足、中印等新兴国家粮食需求的上升。[1]

---

① 王士海、李先德：《全球粮食危机与后危机时代的国际粮食市场》，《郑州大学学报》（哲学社会科学版）2010 年 7 月。

2017 年 10 月，联合国粮食与农业组织（FAO）发布《2017 年世界粮食安全和营养状况》称，目前全世界仍有 8.15 亿人处于饥饿状态。要在 2050 年时满足新增 20 亿人口对粮食的需求，全球粮食产量将需要增加 50%。

就具体粮食短缺而言，缺粮国主要集中在发展中国家。联合国粮农组织（FAO）估计，由于人口增加和缺粮国粮食生产能力不足，缺粮国谷物净进口将由上世纪末的 1 亿吨增加到 2030 年的 2.65 亿吨，而主要出口者依然是美、欧等发达国家。[①]

三是全球卫生形势严峻。全球卫生问题伴随全球化以来各国人员交往日益密切而日趋严重。21 世纪以来，"非典"病毒、流感疫情直至近些年埃博拉病毒和寨卡病毒疫情都对全球共同应对卫生问题提出严峻挑战。虽然世界卫生组织的权威性不断提高，美国等发达国家也建立了一

---

① FAO. World Agriculture: Towards 2015/2030, FAO, Rome, 2002.

系列双边国际合作机制①，然而，从实践效果看，全球卫生治理很大程度上只是保障了世界大国尤其是发达国家的卫生安全，对于发展中国家的保护依然严重不足。②更具普惠性质的全球卫生治理机构尚未形成。这体现在一些传统上已经被控制的疾病在一些经费短缺的国家重新爆发。例如自苏联解体后，政府管控的严重削弱及社会道德的急剧沦丧，使得俄罗斯及东欧地区艾滋病呈现高流行趋势。③

尤其需要指出的是，流行病会因不同人种的基因特性产生不同的变

寨卡病毒疫情 2015 年始发于南美，其后在全世界快速扩散。图为泰国曼谷，工作人员正喷洒灭蚊剂，防止寨卡病毒传播。

---

① 晋继勇：《美国全球卫生治理的战略、实质及问题》，《美国研究》2011 年第 1 期。

② 参见汤伟：《2030 年可持续发展议程与全球卫生治理的转型》，《国际展望》2016 年第 2 期。

③ 《俄卫生部：2015 年俄罗斯共有 12500 人死于艾滋病》，环球网 2016 年 5 月 15 日，http://world.huanqiu.com/hot/2016-05/8936421.html。

异病毒，因此先前只重视卫生危机管理应对而忽视卫生预防的治理体系势必需要调整，全球的卫生治理需要从更高层面进行设计和执行。

四是现有多边体系与双边、联盟形式互不兼容。多边体系是国际合作、全球治理的重要一环。然而目前的国际体系继承了相当程度的冷战遗产。冷战时期，美苏争霸，美国和苏联在各自势力范围内建立了一系列双边及同盟性质的政治、经济、军事等合作组织。苏联解体及冷战结束后，美国及西方在冷战时期形成的双边合作及同盟组织继续存在。这些遗产及其附着的思维深刻影响了西方乃至世界其他国家 20 世纪 90 年代以来的国际合作，甚至影响到卫生、气候变化等非政治化议题的合作。①

这种多边体系与双边、联盟体系共存的局面，有历史沿袭的合理性，但常常影响多边体系的广泛合作。例如北约组织经常干扰联合国安理会决议的执行，其在 1999 年科索沃战争、2003 年伊拉克战争中对国际多边合作的无视，即是这两种机制矛盾的体现。西方之外，一些区域合作组织也存在区域保护主义倾向，这些都不利于多边主义与全球治理向高水平迈进。

（三）"逆全球化"潮流兴起与民粹主义泛滥

西方国家对全球治理态度的转变和退缩，使得全球公共产品匮乏，国际社会共同利益与各国利益诉求产生错配。西方国家全球治理作用显著下降，却又不愿将旧治理体系中的表决权、投票权等部分让渡给广大发展中国家。

这套西方主导的全球治理体系两面性突出，一方面多少代表西方利益，特别是西方统治阶层的利益，另一方面也给发展中国家提供了深入

---

① 晋继勇：《美国全球卫生治理的战略、实质及问题》，《美国研究》2011 年第 1 期。

2017 年 7 月 4 日，德国汉堡，反全球化组织 Attac 成员抗议即将举行的 G20 峰会。

参与全球化的机遇。至于这些年出现的反全球化运动，不能仅归咎于全球治理体系和全球化本身，还应深刻反省各国是如何处理市场效率与社会公平这对矛盾的，特别是贫富差距的不断扩大，民众对全球化利益分配不均、资本收益远远高于劳动力收入的不满和厌恶。这才是民粹主义和反全球化运动兴起的根本原因。

　　分析遍布全球的反全球化运动参与者，反映的是那些不被重视的民众的利益诉求。反全球化力量主要包括：抵抗全球化带来的西方价值观，以维护本国文化主体地位的运动；以跨国公司和美国经济文化势力为主要靶子的反全球化思潮或意识形态；由于全球化威胁或剥夺其就业机会而反对全球化的发达国家部分劳工；环境保护主义者和人权运动分子等构成的部分反全球化运动，它们带有后现代和世界主义色彩。①

---

① 时殷弘：《当今世界的反全球化力量》，《太平洋学报》2001 年第 3 期。

这些反对思潮在一些国家和地区逐渐扎根，开始影响其所在国家的利益诉求。比如，一些伊斯兰国家的文化价值观日趋保守，背离了伊斯兰原本民主、宽容的教义精神，为恐怖主义提供温床；发达国家底层劳工对全球化分工的不满促使英国脱欧、特朗普当选美国总统，表明原有全球化甚至不符合传统西方大国的利益诉求。有效协调新全球治理与各国利益诉求需要新思想、新方案，这是未来全球治理改革的重中之重。

从历史时间节点看，"逆全球化"思潮高涨是 2008 年金融危机的后遗症。主权国家提供公共服务的意愿和能力下降，跨国资本在国际市场及各国内部影响力上升，加上国际新经济自由主义的影响，全球治理体系特别在经济、安全领域自由放任或者"无序"和"碎片化"严重。① 金融危机后，全球经济及其治理开始转型，导致社会出现各种不适，正如塞缪尔·亨廷顿（Samuel Huntington）所言，现代性孕育着稳定，而现代化过程则滋生着动乱。②

当前民粹主义兴起是全球化中受伤害的个体集中表达其不满情绪的表现，特朗普当选美国总统最大支持者即是美国"铁锈带"几个州的劳苦工人。在他们眼中，全球化即是贫富差距扩大、工作丢失、社区破败的罪魁祸首。特朗普正是顺应美国底层群众的呼声而一举击败美国精英代言人希拉里。欧洲右翼政党的集中兴起乃至伊斯兰国家保守势力兴起也多少带有民粹主义底层动员的特征。③

从"逆全球化"的成因和表现来看，这种"逆全球化"趋势实际是对近几十年全球化存在问题的集中暴露，而非真正对于世界未来逐渐连

---

① 景丹阳：《西方国家的逆全球化危机和"驯服"全球化》，《国际展望》2017 年第 1 期。

② 塞缪尔·亨廷顿：《变动社会的政治秩序》，张岱云、聂振雄、石浮、宁安生译，上海：上海译文出版社，1989 年，第 51 页。

③ 郑春荣：《欧盟逆全球化思潮涌动的原因与表现》，《国际展望》2017 年第 1 期。

为一体、互联互通的抵制。从广义来说，全球化已历经几百年沧桑，亦经历过工人运动、殖民地独立运动、两次世界大战等阻碍全球化发展的重大事件，而风波过后依然"千帆竞发"，全球联系反而更加紧密，形成了事实上的利益共同体。探索全球治理转型以弥合全球化伤口，是更为迫切的事情。

第三章
全球治理转型：
从"西方治理"到"东西方共治"

　　正是当前全球治理所遭遇的困境和挑战，迫使全球治理进行转型。"超长 19 世纪"（the long 19th century）的"全球变革"（global transformation）开启了近代全球化和现代化（Modernity）进程，萌发了国与国之间"治理"的概念与实践，但那仅仅是欧洲主导的不平等、不公正的"中心—边缘"国际体系之治理，算不上"全球治理"。20 世纪人类经历了两场世界大战和数十年美苏两大阵营的"冷战"。二战后人类汲取历史惨痛教训，建立了以联合国为核心的国际体系，以及以世界银行和国际货币基金组织、世界贸易组织（之前为关贸总协定）为基础的国际金融和贸易体系，创造了长达 70 多年的世界和平和经济繁荣。这轮全球化发展如火如荼，席卷全世界，从而有了真正意义上的全球治理。然而，世界秩序，无论是政治还是经济，基本上还是围绕"中心—边缘"的国际体系而运转，也就是西方（美国和欧洲）为中心，广大发展中国家处在边缘地带。全球治理基本上是"西方治理"，其他国家"被治理"。西方制定国际规则，其他国家遵循这些规则。20 世纪后半期和进入 21 世纪以来，原来的"边缘国家"力量上升，世界力量平衡出现了历史性转折，全球治理开始从"西方治理"向"东西方共同治理"转变。

第一节
全球治理需要东方智慧

一、全球治理转型需要摆脱西方固有的世界观

全球治理"失序"从思想根源看，与其治理理念和西方世界观及其思维模式"以我为大"、缺乏包容有关。西方思维根植于柏拉图、基督教思想，其最大问题在于二元对立及对事物的精细化区分[1]，很多观念的塑造和认同落入"他们"与"我们"非黑即白的陷阱[2]。即便在高度后现代化的西方，其包容度最高的"协商民主"思维仍然局限于"主体间意识"[3]——即个体之间依然是相互独立的。在基督教塑造西方社会关系的过程中，人先与上帝缔结契约，家庭、血缘退而居于次要地位。这种个体对立思维体现在西方历史中，常常伴随强烈的价值输出冲动与

---

[1]　参见许振洲：《全球化与单一思想的危险》，《欧洲研究》2000 年第 2 期。

[2]　关于西方系统性思维的论述请参考 David L. Hall, Roger T. Ames: Anticipating China: Thinking Through the Narratives of Chinese and Western Culture, New York: State University of New York Press, 1995.

[3]　唐士其：《主体性、主体间性及道德实践中的言与行——哈贝马斯的论辩伦理与儒家道德学说之比较》，《道德与文明》2008 年第 6 期。

直接的军事征服，根本看不到平等包容。在西方历史里，十字军东征、宗教战争、欧洲三十年战争、拿破仑战争、殖民地扩张、冷战，无一不是这种观念的延伸和体现。冷战后，西方思维理念并未根本改观，而是以冷战胜利者自居，对用自身价值观塑造世界充满热情，认定"历史已经终结"。这种价值观是否被接受是西方"非敌即友"的判断标准，严重扭曲了全球治理的公正性、包容性、权威性。

西方居高临下的"训诫者"做法在其权力登峰时，其他国家只能"貌恭而心不服"。如今西方整体实力相对衰落，世界越来越反感"教师爷"，全球治理陷入停滞与此有很大关系。毕竟，每个国家和民族都有其特定的历史、文化、尊严，根植于西方历史的西方价值观并不能带领非西方国家实现他们的自立和富强。因此，全球治理亟需转型，用新理念、新思想、新方案来平衡反映各方利益，尤其是广大发展中国家的根本利益。

2017 年 11 月 9 日，德国民众前往柏林墙纪念馆，献花纪念柏林墙倒塌 28 周年。柏林墙于 1964 年建成，1989 年倒塌，是"冷战"时期的标志性建筑。

其实，西方传统除"二元对立"外，还有康德《论永久和平》建立在国家友好联合之上的世界观。这与中国"天下大同"的儒家理念相当契合，为东方文明与西方理念共同实现全球治理带来了契机。

二、中国传统思想的优势

中国相比西方的最大优势，在于中国完整的历史传承，以及漫长的帝国多民族融合史，中华文化兼容并蓄其他文化有极为丰富的经验，这无疑适合未来全球治理新理念的形成和发展。

首先，中国传统思想讲究公平与正义，同时崇尚道德对于现实政治的规范，这对纠正当今国际秩序不平等具有重大价值。中国儒家认为君有君道，臣有臣道，父有父道，子有子道，[①]不同位置的人都应当做符合其基本道德规范的事，社会应当在公平与正义的价值理念照耀下实现发展——"大道之行也，天下为公。选贤与能，讲信修睦。故人不独亲其亲，不独子其子。使老有所终，壮有所用，幼有所长，矜寡孤独废疾者皆有所养，男有分，女有归。货恶其弃于地也，不必藏于己；力恶其不出于身也，不必为己。

儒家学派创始人孔子

---

① 唐士其：《儒家学说与正义观念——兼论与西方思想的比较》，《国际政治研究》2003 年第 4 期。

2008 年北京奥运会开幕式上，一个巨大的"和"字出现在活字印刷版中间，表达了中国人自古以来对"和"的崇尚与追求。

是故谋闭而不兴，盗窃乱贼而不作，故外户而不闭。是谓大同。"[1] 这种对待世界的友好态度，无疑有助于纠正西方弱肉强食的现实主义国家观。同时，中国人认为"礼，国之干也"[2]，"夫礼，天之经也，地之义也，民之行也"[3]。这种对待礼仪之于国家的严肃态度，无疑对于中国参与全球治理具有重大指导意义。

其次，中国自古有着"和为贵"的思想。"和而不同"是中国人日常行为惯例，"入乡随俗"则是其具体阐释。《管子·内业》中说："和乃生，不和不生。"《中庸》认为："和也者，天下之达道也。"而《论语》说的"己所不欲，勿施于人"，已被写入二战后《人权宣言》。即便是

---

① 《礼记·礼运》

② 《左传·傅公十一年》

③ 《左传·昭公二十五年》

中国用兵思想亦反对追求暴力，这与崇尚战争暴烈性的西方克劳塞维茨战争学说形成鲜明对比，"夫用兵之法，全国为上，破国次之；全军为上，破军次之……是故百战百胜，非善之善也；不战而屈人之兵，善之善者也。故上兵伐谋，其次伐交，其次伐兵，其下攻城。攻城之法，为不得已。"①

第三，中国思想有包容互利的精神。老子《道德经》讲"上善若水，水善利万物而不争，处众人之所恶"。《孟子》云"穷则独善其身，达则兼善天下"。"君子喻于义，小人喻于利"，"君子爱财，取之有道"。中国这种义利观对于西方思维中严重的利己主义具有良好的纠偏作用。

最后，中国古代历史实践也符合中国主流传统政治思想的表述。中国古代王朝对外战争多出于对帝国周边游牧民族的自卫，以劫掠为目标的主动征伐型战争数量相对较少。同时，中国古代的民族划分主要以文化而非血缘为依据，这使得少数民族建立的中央王朝能够与中华传统文化相融合，从而大大缓解了民族仇恨与种族屠杀。中国古代对外的朝贡贸易从来都是让利于他国，中国国内以晋商为代表的商帮都是以诚信作为其经商之道的根本。

三、现代中国具有兼蓄东西方理念的能力——以"亲、诚、惠、容"与"一带一路"为例

中国自 1840 年被西方用武力强迫卷入全球化进程以来，饱尝西方强权政治带来的不平等、被压迫的不公待遇和情感创伤，对广大有被殖民历史的发展中国家的痛苦与心声感同身受。在中国追求民族独立和国家发展百年进程中，中国经历了洋务运动、戊戌变法、辛亥革命、新民主

---

① 《孙子兵法·谋攻第三》

主义革命和社会主义改造、改革开放，系统地借鉴和吸收了世界各地的文明成果，最终结合自身历史，适应并受益于全球化，成为新兴世界大国。

这种长久的苦难经历与艰辛的发展探索，使中国人具有放眼世界的国际胸怀，海纳百川、兼容并蓄。同时，现代中国人在思想上摆脱了旧式王朝政治的等级制观念，用获得世界普遍认可的平等观建立新的政治、经济、社会制度。不仅如此，中国深明因地制宜的重要性，并没有教条地照搬照抄各文明的发展经验。

新中国一系列外交实践，更是以和平共处五项原则为基准，支持世界各国民族解放，并在相当长时间内为广大发展中国家提供无偿援助，继承和发扬了国际人道主义精神。在改革开放的过程中，中国又为世界经济的发展贡献了自己的力量，为人类文明进步提供了新的思想成果。

"1950 年至 2016 年，中国在自身长期发展水平和人民生活水平不高

观众在中国国家博物馆参观大型展览《复兴之路》，该展览全面展示了中华民族 170 多年为实现民族复兴的奋斗历程。

2012 年 1 月 28 日，由中国政府援建的非洲联盟会议中心在埃塞俄比亚首都亚的斯亚贝巴落成，这是中国继坦赞铁路后对非洲最大的援建项目。

的情况下，累计对外提供援款 4000 多亿元人民币，实施各类援外项目 5000 多个，其中成套项目近 3000 个，举办 11000 多期培训班，为发展中国家在华培训各类人员 26 万多名。改革开放以来，中国累计吸引外资超过 1.7 万亿美元，累计对外直接投资超过 1.2 万亿美元，为世界经济发展作出了巨大贡献。国际金融危机爆发以来，中国经济增长对世界经济增长的贡献率年均在 30% 以上。这些数字，在世界上都是名列前茅的。"①

　　中共十八大之后提出的"亲、诚、惠、容"理念，创新了中国周边外交，与"一带一路"重大倡议相辅相成、相得益彰，充分体现了中国和平发展、

---

① 习近平：《共担时代责任 共促全球发展——在世界经济论坛 2017 年年会开幕式上的主旨演讲》，新华网 2017 年 1 月 18 日，http://www.xinhuanet.com//2017-01/18/c_1120331545.htm。

合作共赢的新型国际关系思想，正在深刻改变中国周边战略环境，推动中国与周边国家的利益共同体和命运共同体建设。

习近平主席说，中国周边外交的基本方针，就是坚持与邻为善、以邻为伴，坚持睦邻、安邻、富邻，突出体现亲、诚、惠、容的理念。周边是中国的战略依托，周边安，则中国安，周边富，则中国兴。“亲、诚、惠、容”理念汲取中华文明的精髓，代表着中国外交独特的思想文化底蕴和一以贯之的合作共赢主张。

“亲、诚、惠、容”及其与“一带一路”倡议的内在联系究竟如何理解和实践呢？

“亲，近也。”“远亲不如近邻。”在国际关系语境中，“亲”一是指“山水相连、人文相亲”的地理毗邻概念；二是指命运共同体、发展中国家等能体现国家的身份认同。中国坚持以发展中国家身份融入国际秩序、参与全球治理，习近平主席在联合国大会讲话中强调，中国在联合国的一票属于发展中国家，凸显中国在国际社会的身份；三是表明中国愿意提供公共产品。习近平主席在许多国际场合强调指出，欢迎各国搭乘中国发展的“顺风车”，意即如此。

“诚者天之道也，诚之者人之道也。”“诚”代表“天道”与“诚信”。中国外交政策“以诚相待”，不回避分歧和矛盾，明确底线，尊重他国感受和合理利益。当今世界“无序”状态和“弱肉强食”丛林法则依然盛行，但中国“绝不以大压小，也绝不接受以小取闹”。

“惠，仁也。”“惠风和畅。”一是国与国之间倡导建立利益共同体，给他国实实在在的利益，共享、共商、共建；二是国家交往、处理对外事务“润物细无声”“惠风和畅”，善用软实力和巧实力，而不是生硬刻板，搞强权政治。

“有容，德乃大。”“受益惟谦，有容乃大。”“容”是指包容、宽容、容忍。在国家关系中作为大国要有容忍他国（特别是小国）的雅量，虚怀若谷，听得进不同意见。

中国智慧和中国思想在"亲、诚、惠、容"中表现得淋漓酣畅。中国与周边国家地缘、人缘、文缘均具亲近感。中国与周边国家打交道时，尤其是建设"一带一路"进程中，信守承诺、以诚相待，使中国发展成果惠及邻国，并充分尊重他们的差异性和多元性，必将深化中国与周边国家的利益融合。

习近平主席2013年提出建设丝绸之路经济带和21世纪海上丝绸之路（"一带一路"）重大国际合作和全球治理倡议，是中国在经济全球化、世界多极化深入发展的背景下，完善全球治理、开展国际合作的新思想和新模式，与"亲、诚、惠、容"周边外交思想高度契合，具有划时代的现实和历史意义，体现了中国"达而兼济天下"的全球主义胸怀和全球伙伴关系思想。

习近平主席用"集体大合唱"来形容这一国际合作新模式，十分贴切。它以"政策沟通、设施联通、贸易畅通、货币流通和民心相通"为核心，将沿线国家和有关地区连接起来，促进团结互信、平等互利、包容共鉴、合作共赢。

2008年全球金融危机以及接踵而来的经济危机给世界各国敲响了警钟，盛行几十年的经济"新自由主义"及其"华盛顿共识"不灵了，虚拟经济泡沫彻底破灭，把世界推向金融和经济全面崩溃的边缘。各国都在深入思考、摸索新的发展思路和合作模式。全球化时代各国经济相互依存度日益提高，没有一个国家可以"独善其身"。

中国和世界的发展都到了一个"不进则退""不变则乱"的历史关头。中国以"亲、诚、惠、容"周边外交思想为先引，从全球治理新时代现实出发，提出建设"一带一路"倡议，希望参与国家发展战略对接，基

2016 年 1 月 16 日，亚洲基础设施投资银行开业仪式在北京举行，中国国家主席习近平为亚投行标志物揭幕。

础设施互联互通，贸易大幅度增加，本币使用范围扩大，文化认同感加强，共同发展、合作共赢，给各国提供了全新的共商、共享、共建的合作模式，以建立情感、利益和命运共同体。

进入 21 世纪以来，中国与世界关系发生了历史性变化，中国成为全球第二大经济体、第一大货物贸易国、第一大制造业国家、第一大外汇储备国，2016 年非金融类对外直接投资达 1400 亿美元，成为资本净出口国。未来 5 年中国对外投资将超过 5000 亿美元，进口超过 10 万亿美元，出境人数超过 6 亿人次。中国制造、中国市场、中国声音、中国服务、中国消费将带动中国周边和世界的共同发展。

据麦肯锡咨询公司估算，今后 20 年全球电力、公路、港口、供水等基础设施投资需求达 57 万亿美元。据亚洲开发银行（ADB）统计，到 2020 年亚洲需要基础设施投资 8 万亿美元。而世界银行实收资本 2200 亿美元，ADB 未偿贷款仅 530 亿美元，每年也就能提供 250 亿美元的贷款，杯水车薪。中国发起成立亚洲基础设施投资银行是对国际融资体系的有力补充。

"一带一路"的战略意义何在？

首先，它展示了中国走和平发展道路的决心。"一带一路"建设发端于中国，贯通中亚、东亚、南亚、西亚直达欧洲经济区，牵动经济总量超过全球一半，覆盖人口达 44 亿，占全球 63%。而且，其延伸的国家和地区将更多。六条经济大走廊覆盖国家多、民族多元、语言丰富、风俗各异、经济政治制度不同。建设"一带一路"不是建立或扩大势力范围，而是谋求合作共赢，包容和超越差异和不同，推进在农业、化工、能源、交通、通信、金融、科技等多领域合作，发挥处于不同发展阶段、具有不同资源禀赋国家的经济潜力，创造参与各方的共同发展和整体繁荣。

中国倡导"一带一路"，真心实意与亚太和欧洲国家实现共同发展，分享中国发展的红利。习近平主席说过，我们要共同建设互信、包容、合作、共赢的亚太伙伴关系，志同道合是伙伴，求同存异也是伙伴。朋友多了路才好走。

其次，"一带一路"倡议以"和平合作、开放包容、互学互鉴、合作共赢"的丝路精神和新型国际关系思想为引领，与美国实施"亚太再平衡"，强化军事同盟体系，以"美国第一"为由攫取自身最大利益，不愿继续提供"公共产品"的思路截然不同。"一带一路"倡议是中国提出的，但它不是中国围绕自己的倡议，而是对所有国家开放、合作的大思路。以巴基斯坦和老挝为例：作为中国从内陆连接印度洋、阿拉伯海和波斯湾的通道，中巴经济走廊是"一带一路"建设重要一环。老挝

2016 年 11 月 13 日，首批中国商船从巴基斯坦瓜达尔港出海，将货物运往中东和非洲。巴基斯坦媒体称，随着瓜达尔港正式启用，中巴经济走廊逐渐梦想成真。

2016 年 6 月 22 日，中老国际铁路连接中国与老挝的友谊隧道开工建设，标志着泛亚铁路中线中老国际铁路全线建设进入实质性开工阶段。

2018年7月19日，中俄能源合作重大项目——亚马尔液化天然气项目向中国供应的首船15.9万立方米液化天然气（LNG）通过北极东北航道运抵江苏如东港口。亚马尔项目是中国提出"一带一路"倡议后在俄罗斯实施的首个特大型能源合作项目，项目位于俄罗斯境内的北极圈内，是目前全球在北极地区最大型液化天然气工程。

总理表示，老挝与中国接壤，老中铁路建设具有历史意义，老挝与中国签署政府间铁路协议，将促进区域互联互通和共同发展。

再则，实施"一带一路"有助于淡化和消除区域内传统与非传统安全问题，创造保障顺利合作的安全环境。中国周边存在一些悬而未决的历史和现实问题，如南海一些岛礁之争、中印领土争端、中日东海钓鱼岛争端等。这些争端短期内难以彻底解决，而"一带一路"倡议包含的政治沟通和经济合作可以为争议各方搁置争议、共同开发创造条件。

还有，积极实施"一带一路"有助于缩小区域间经济发展不平衡，改善投资环境，形成良好的经济合作氛围。"一带一路"沿线既有欧洲国家和新加坡等发达国家，也有老挝、柬埔寨、缅甸等工业化初期国家，更有泰国、马来西亚、印度、哈萨克斯坦等新兴发展中国家，经济制度不同，发展差距较大。"一带一路"建设通过促进各国基础设施互联互通，有利于拉平各国经济发展水平。周边发展中国家希望从中国发展中获益，希望中国承担更多有利于地区发展的责任，中国提出"一带一路"倡议恰恰体现了中国希望自身发展成果惠及他国的区域合作新模式。

中国、美国、俄罗斯、日本、印度等都是在"一带一路"倡议沿线具有重大影响的国家，利益诉求重叠不少。习近平主席强调中方希望在建设"一带一路"中与这些国家紧密合作，表明"一带一路"倡议犹如浩渺的太平洋，完全能为中美两个大国共同发展提供足够大的平台。在"一带一路"倡议框架下，这些大国在重新制定国际经济规则，确保能源供应稳定、运输安全及基础设施建设等方面合作空间和潜力巨大。

第二节
全球治理规则转变与中国智慧

全球治理体系与经济全球化都面临亟需转型的历史任务。转型核心是规则的重新制定和调整，这首先需要创新全球治理的思想和理念。中国国内治理的成功经验所蕴含的中国智慧可以成为全球治理新思想的重要源泉之一。中共十八届五中全会强调实现"十三五"时期（2016—2020 年）发展目标，破解发展难题，厚植发展优势，必须牢固树立并切实贯彻"创新、协调、绿色、开放、共享"的发展理念。[①] 这同样适用于全球治理新思想的构建。

全球治理理论、制度、文化创新，将是一场建立"世界叙事"的变革——终结西方"元叙事"，打破西方价值体系垄断，使不同文明的制度、文化、文明互鉴共存。

全球治理需要协调消除发达国家与发展中国家的发展鸿沟，解决世界发展失衡问题。过去世界经济增长成果大多被发达国家攫取，广大发

---

① 《五大发展理念彰显科学方法论（深入学习贯彻习近平同志系列重要讲话精神）》，《人民日报》2016 年 1 月 18 日。

展中国家仍然陷于贫穷，新的全球治理模式应当建立公平、普惠的治理制度，为各国平等发展创造条件。

全球治理绿色发展是世界的生态革命，要解决人与自然的和谐问题。无论是生态环境承载力不足，还是增强人类环保意识，都要求全球治理转变理念，摆脱高耗能、高污染的工业化老路。

全球治理的相互开放是坚持开放的全球自由贸易和投资便利体系，进一步打破阻碍经济开放发展的各种壁垒，使全球经济在更广、更深层面拓展合作，让各国实现互联互通，使世界经济更有效率和活力。

全球治理的共享或普惠，是希望各国共享经济发展带来的好处，解决全球发展的不公平问题。马克思曾说，"每个人自由而全面的发展"是"目的本身"。西方主导的全球化是西方权贵的全球化，世界广大中产阶层和平民财富差距反而被拉大。把共享普惠思想植入全球治理规则，这为全球治理的转型提供了伦理支持和动力。

全球治理的本质是国际制度和规则的竞争，而制定制度和规则的往往是世界大国。我们现在拥有的以联合国为核心的国际制度与规则包括全球治理体系是二战结束时由美国主导建立、战后70多年各国逐步健全、完善的。

如今，全球治理面临一系列严峻挑战，全球化出现许多新变化、新发展，是历史在倒退，还是历史进入了一个"新全球化时代"？这就需要首先回答全球化和全球治理究竟发生了哪些变化。

目前看，有三点比较突出：

一是中国迅速发展，综合实力不断壮大，这与发展中国家群体性崛起在历史上同步发生，产生了西方工业革命以来最大规模发达国家与发展中国家力量"大趋同"（Great Convergence），改变了世界政治经济版图，也推动全球治理从"西方治理"向"东西方共同治理"转变。

二是随着西方经济新自由主义理论破产，全球治理出现思想混乱。那么，新思想从哪里来？世界的目光从西方转向东方，转向东方文明特别是中华文明。2008 年世界金融危机以来世界经济持续低迷，全球贸易连年下滑，投资大量减少，债务危机持续发酵，金融风险不断积聚。各国对西方治理思想、治理模式丧失了信心，感到困惑和迷茫，经济增长需要新动力，全球治理需要新思路、新模式，而中国治理和发展道路的成功为其他国家的发展提供了新的选择。

正如习近平主席在 2015 年土耳其 G20 峰会上所说，2008 年世界金融危机以来全球经济原有增长方式、治理模式动力耗尽，失去生命力。大家开始深入思考世界经济发展失衡、全球治理"无序"和"碎片化"问题，改革全球治理体系开始提上议事日程。

三是全球化负面影响渐渐显露，世界范围的"逆/去全球化"力量上升及民粹主义思潮泛滥，开始改变一些国家包括主要发达国家的政治生态，譬如美国大选、英国退欧，德国、波兰、意大利、瑞典等一些欧洲国家激进政党在政坛崭露头角。这些政治生态变化削弱了发达国家对全球化的政治和民意支持，影响了全球治理体系包括全球自由贸易和投资制度的正常运转。

全球化和全球治理问题和发展趋势清晰后，我们的目光投向中国如何以中国智慧和中国思想创新全球治理。

习近平主席对当今中国与世界的关系有非常精辟的描述，即中国从来没有像今天这样接近实现中华民族伟大复兴的目标；中国正日益接近世界舞台的中央；中国正站在新的历史起点上。

中国 2008 年在 G20 平台上充分发挥大国作用，进入全球经济治理核心圈；2010 年超越日本成为世界第二大经济体；2016 年 9 月成功举办 G20 杭州峰会，提出一系列全球治理新思想和新方案，成为全球治理

2016年9月4日，中国国家主席习近平出席二十国集团领导人杭州峰会并致开幕辞。

的主角。从历史维度看，中国的全面发展与全球治理体系的改革在历史节点上重叠，更加凸显中国智慧、中国思想对全球治理创新的重要意义，更加凸显习近平主席提出的以中国智慧、中国思想、中国方案来为世界提供全球公共产品的远见卓识。

从全球化和全球治理的历史看，是欧洲人在20世纪90年代提出、推广了全球治理的概念。其背景一是随着经济全球化的深入发展，全球性挑战接踵而来，金融危机蔓延、贸易摩擦增多、移民潮汹涌、地区冲突死灰复燃、跨境水资源和气候变化问题益发严重。人们普遍认识到，全球化时代就是"一荣俱荣、一损俱损"的时代，人类利益共同体需要同舟共济，共同应对人类的挑战，"零和"思维逻辑显然不适用于全球化时代。二是冷战结束后，国际社会以意识形态和军事联盟"铁幕"划线难以为继，虽然美国依然奉行"合则用之，不合则弃之"的做法，但各国大多支持以联合国为核心的多边主义国际制度和规则。国际货币基金组织、世界银行、世界贸易组织等国际机制虽有架构上的先天不足，但其有效规范运营能使全球治理更加制度化、法制化。

进入 21 世纪以来，全球治理因为美国单边主义和孤立主义受到冲击，美国意识到当"世界警察"的滋味不好受，负担也很重，于是奥巴马上台后更多注重"国内政治议程"，美国对外战略从欧洲和中东两个战略板块进行收缩，将重点转向亚洲，搞"亚太再平衡"，把重心从全球反恐转向应对新兴大国特别是中国的崛起。奥巴马时期美国还是兼顾全球治理和多边主义的，但美国的关注点是想改变全球治理规则来重新分配全球化利益，以实现美国利益最大化。特朗普上台后，从"美国第一"出发，抛弃多边主义，或者说心里根本没有什么主义，只有美国的一己私利。美国不愿继续提供全球公共产品，或者说要价提高，"要服务就得付钱"，这反衬出新兴经济体尤其是中国对全球治理体系和全球化的坚定支持。2018 年博鳌亚洲论坛上习近平主席关于中国坚持对外开放、坚定支持全球治理体系的讲话，受到发展中和发达国家的普遍赞誉，中国的发展道路、发展模式以及"东西方共同治理"的新全球治理模式受到各方关注和接受。

2016 年中国主办 G20 峰会，2017 年中国主办金砖国家峰会，2018 年中国主办上海合作组织峰会、中非合作论坛，将世界目光聚焦新兴经济体特别是中国，期待中国能以中国智慧和中国方案引领全球治理体系改革。中国智慧在全球治理哪些方面可发挥作用呢？

首先，中国坚定不移地维护二战胜利后形成的以联合国为核心的全球治理体系，这是国际社会经过战争浩劫形成的共识，是范围最广的国

2018 年 4 月 10 日，中国国家主席习近平在海南博鳌出席博鳌亚洲论坛 2018 年会开幕式，并发表题为《开放共创繁荣 创新引领未来》的主旨演讲。

际制度安排，是为了防止战争再次发生的全球制度性保障，其治理结构基本符合国际社会利益。中国是现有全球治理体系的主要受益者、捍卫者、建设者和贡献者，不是西方所谓的"破坏者和修正者"。现有体系的"炉灶"烧得挺好的，为何要"另起炉灶"呢？

同时，中国将继续积极推动 G20、金砖机制、上海合作组织、亚洲基础设施投资银行、新开发银行等新型国际机制和制度的发展，倡导国际关系民主化和合作共赢、共同发展的全球治理新模式，以给予发展中国家更多话语权和决策权，完善全球治理体系。

其次，全球治理思想的调整和转变需要中国从中华文明、从各种文

2018 年 10 月 18 日，以"文化对话：构建人类命运共同体"为主题的太湖世界文化论坛第五届年会在北京开幕。该论坛是中国创立的一个高层次、非官方的国际文化论坛，旨在为世界文明的对话及区域文明的合作搭建一个开放、多元、包容的高层对话平台。

明交流和融合中寻求新的治理思想和路径。为此，需要倡导文明交流和文化融合，摒弃"文明冲突论"。习近平主席 2015 年在博鳌论坛上就提出进行"亚洲文明的对话"，中国在"一带一路"建设中身体力行，与相关国家进行政策沟通、发展战略对接和民心相通的多层面交流。这就是中国践行全球治理的深层次创新——文明的融合。

中华文明底蕴深厚，有着数千年的积累。中国有责任为世界提供与时俱进的全球公共产品，包括为全球治理提出中国的思想、选择、路径和方案，以推动国际关系民主化，建立平等互利、合作共赢的新型国际合作模式，为促进世界经济增长、完善全球治理体系作出贡献。

2013 年习近平主席提出建设"一带一路"倡议，表示愿与沿线国家分享中国发展成果，欢迎各国人民搭乘中国发展的"快车"。G20 杭州峰会在推动落实联合国 2030 年可持续发展议程（SDGs）、巩固全球自由贸易和投资框架、坚持反对各种保护主义等方面取得成功，体现了中国"达而兼济天下"的"天下大同"文明核心价值观和哲学思想，凸显了习近平主席以共同发展理念为基础建立人类利益共同体和命运共同体的"天下观"。

因此，中国将坚持"和平与发展"的历史主线，坚持和平发展战略，希望各国超越地缘政治的纠缠和狭隘考虑，正确处理大国关系，防止陷入所谓大国冲突的"修昔底德陷阱"，为维护公正、公平的全球治理体系创造长期和平的国际政治和安全环境。

和平是发展的前提，发展是和平的保障，没有和平就不可能发展，没有发展就没有力量确保长期和平。这是中国从近现代历史的痛苦教训

2015 年 6 月 19 日，中国外交部举行"蓝厅论坛"，论坛主题为"构建中美新型大国关系：对话·互信·合作"。

和新中国成立以来的成功经验中得出的结论。

习近平主席倡导中美以及其他大国共同构建"不冲突不对抗、相互尊重、合作共赢"的新型大国关系，开创了大国合作共赢、和平共处的新思路、新路径。新世纪的大国关系如能超越狭隘地缘政治考虑，以人类命运共同体的高度来认识和处理国际事务、全球治理，世界将一定有各国和睦相处、经济持续增长的美好明天。

第四章
开拓新时代全球治理发展的新路径

　　面对全球化和全球治理的种种问题和困境，习近平主席高瞻远瞩，提出了共同构建人类命运共同体的思想及其实现路径，引起世界各国高度重视。构建人类命运共同体是应对全球化新时期各种挑战的战略指导思想，也是全球治理的总目标。中国作为全球治理的参与者、贡献者和引领者，希望通过构建命运共同体，建设一个公平、公正的国际新秩序和崭新的世界，以逐步改造并替代只顾一己私利、一盘散沙的"失序和碎片化的世界"。

第一节
全球治理的十字路口

一、全球化和全球治理新发展的主要特征

第一，全球化周期性变化与资本主义制度内在矛盾激化的重叠，贫富差距拉大，发达资本主义国家底层百姓与社会治理精英的对立加剧，国内治理难度增加，给全球化和全球治理带来巨大阻力和不确定性。

第二，以中国为代表的发展中国家整体力量上升改变了世界格局和力量对比，推动全球治理从"西方治理"向"东西方共同治理"转变，而全球治理体系并未能适应形势变化，治理"失序"和"碎片化"日趋严重，地缘政治对全球治理干扰明显增大。

第三，全球治理指导思想处于转折期。一方面，经济新自由主义和"华盛顿共识"光环破灭，美国自我界定、排斥其他文明的"自由民主"思想体系遭受内外夹攻；另一方面，中国的发展道路、模式及其政治制度的保障取得骄人成绩，不仅表现在国内治理的成功，还开始在全球治理和国际关系方面发挥表率作用。全球治理在文明和哲学层面的竞争与比较，引发世界范围对全球经济和全球治理指导思想的反思和前瞻性探索。

2017 年 8 月 17 日，金砖国家新开发银行非洲区域中心在南非约翰内斯堡成立，这是新开发银行的第一个区域中心。

第四，全球治理机制性改革拉开帷幕。二战以后确立并逐步完善的国际秩序和全球治理体系，以联合国为核心，包括国际货币基金组织、世界银行、世界贸易组织、世界卫生组织等各个领域的治理架构，70 多年来对保障世界和平、促进经济繁荣功不可没。

然而，全球治理体系与全球化发展在解决全球化负面影响方面确实存在差距和缺陷，尤其是世界货币体系更是主要服务于发达国家及其垄断资本。发展中国家在国际体系中始终处于劣势，话语权和决策权严重不足。这些年这种不平衡、不公正、不公平的现象虽然有些变化，但尚未有根本性改变。这也正是世界经济长期失衡的根本原因。随着世界格局的转变，中国身体力行，推动建立了亚洲基础设施投资银行、新开发银行，并积极促进区域和跨区域自贸区协定的谈判，包括"区域全面经济伙伴关系协定"（RCEP）和亚太经合组织（APEC）的自贸区协定。

二、全球治理的核心问题及其解决之道

世界多极化、经济全球化是世界发展的大趋势。全球化需要全球治理，治理的本质是国际制度和规则的制定与落实，而过去制定这些制度和规则的就是美国和西方发达国家。

如今，全球化出现许多新变化，全球治理面临一系列严峻挑战，究其主要原因是这些规则和制度需要适当调整，以适应世界格局的变化，也就是"大趋同"所带来的"东西方共同治理"。这是全球治理往前推进的核心问题，有三点值得高度重视：

2018年9月3日，中国国家主席习近平在中非合作论坛北京峰会开幕式上发表主旨讲话，提出中国将在推进中非"十大合作计划"基础上，同非洲国家密切配合，未来三年重点实施产业促进、设施联通、贸易便利、绿色发展、能力建设、健康卫生、人文交流、和平安全等"八大行动"。

一是全球化的普惠性。全球化不是也不应该成为少数国家和利益集团的特权，必须是各国百姓普遍参与、共同富裕的进程。2017年5月中国召开"一带一路"国际合作高峰论坛，推进倡议的全面落地，正是想给各国人民带来更多的参与感、获得感和幸福感。中国帮助非洲发展的思路也凸显了全球化的普惠性。2015年习近平主席访问非洲时提出中国帮助非洲发展"十大合作计划"，第一条就是帮助非洲国家实现工业化，非洲国家不能延续西方强加的单一经济发展模式。

二是重视全球宏观协调、联动发展。世界经济是"一盘棋"，需要加强协调与合作，不能各干各的，相互踩脚。过去发达国家协调自己的宏观政策已经困难重重，更谈不上世界范围的宏观协调。中国2016年主办G20杭州峰会，确立了G20国家宏观政策协调机制，并把发展议题正式列入G20议程，为各国经济联动发展奠定了基础。这是克服世界经

2018年6月3日，中美两国就经贸问题在北京进行磋商。

济失衡的重要步骤。

三是中美两大经济体应该相向而行，而不是相悖相争，更不能动辄就挥舞贸易战的大棒威胁对方。中美在全球治理中加强合作，反对保护主义，促进自由贸易和投资便利化，将给世界强烈的信号，提振市场信心，减少波动风险。当前中美经济相互依存度如此之高，已经把两国经济紧紧地绑在一起，形成利益共同体。中国坚持国际规则、坚持全球治理、坚持自由贸易、坚持改革开放的决心坚如磐石。无论是"一带一路"倡议，还是全球伙伴关系思想、人类命运共同体建设，中国始终提倡共同发展、合作共赢。贸易大国之间动辄搞反倾销、贸易救济调查，甚至不惜打贸易战，其结果只能是两败俱伤，没有也不可能有赢家。

第二节
勇于践行负责任大国的"历史使命"

2018 年是中国改革开放 40 周年。中国能在如此短时间内成长为全球第二大经济体，自身奋斗自然是主要原因，另一个重要因素是全球化发展的良好环境。中国力量壮大了，自然会想到有责任为全球治理作出更大贡献。中国对全球治理的积极进取态度，是期待通过深入参与全球治理，提出中国思想和方案，为国际社会作出更大贡献，为发展中国家赢得更大话语权。

一、在全球治理中融入"中国叙事"

在全球治理中融入"中国叙事"和中国方案，形成中国思想，逐步改变以经济新自由主义为代表思想的"西方叙事"独行天下的局面，使国际秩序和全球治理体系更加公平、公正，将成为全球化新时期全球治理的主旋律，贯穿整个历史转折期。现有国际制度和制度性安排也将发生相应的转变。"中国叙事"要讲的内容很多，需要突出重点：

首先，积极推进人类命运共同体思想传播及其建设。从目前世界各国已经形成事实上的利益共同体到建设休戚与共的人类命运共同体，是各国在全球化新时期的良好愿景和理想，目的是消除由于发展水平不同、意识形态各异、文明文化差异、国家实力不等而在全球化过程中出现获利不同的不平等、不公正、不公平现象。建设人类命运共同体还将为历史转换期大小国家和平相处，避免大国陷入"修昔底德陷阱"创造有利的国际大环境。我们看到：作为欧洲国家联合自强创举的欧盟和欧元能否继续推进是一个考验；中美关系能否走出一条和平相处、和平竞争的大国相辅相成的新路是个更大的考验；亚洲国家能否克服目前的重重困难，通过文明对话和经济合作实现区域一体化是又一个考验。

其次，以全球伙伴关系代替军事同盟关系。以和平相处、和平竞争代替你死我活的"零和博弈"，走出一条全球化新时期不冲突不对抗、相互尊重、合作共赢的新道路。亚太特别是东亚将是关键的地区，因为其中包括了中国、美国、俄罗斯、印度、日本、东盟这些当今大国和主要地区性国际组织。欧洲、中东也面临同样的选择和挑战。

第三，和平发展道路问题以及和平与发展的孪生关系。中国作为新兴大国坚持走和平发展道路，在全球化和现有国际体系的大框架内发展壮大，有望在未来几十年里成为世界强国。中国"从站起来、富起来到强起来"，这是西方工业革命几百年来前所未有的现象，其能否成功不仅取决于中国自身的努力和坚守，也有赖于国际社会和平稳定的大环境。中国从1840年第一次鸦片战争到1949年新中国成立之前的百年，备受欺凌、侵略、掠夺，是中国近现代历史上的"百年耻辱"。中国从中得出的教训是，没有主权、国家安全和经济发展，就不可能有和平和安宁的生活，而没有国家稳定和经济实力的支撑，就没有任何内部和外部的和平可言。同时，"己所不欲，勿施于人"，中国认为，任何国家都不应遭遇这样的历史悲剧。这一惨痛教训已经融入中国人的血液，是中国

2018 年 7 月，以"构建安全共同体：平等、公平、正义"为主题的第七届世界和平论坛在北京举行。

选择和平发展的历史和文化基因，也将成为中国参与和引领全球化新时期全球治理、制定国际新规则的重要参照。

思想和理念永远领先于实践，实践反过来丰富和修正理念。全球治理现在正呼唤新的治理思想和理念。中国领导人提出的以东方哲学和中华文化为基础的"中国梦"与和谐世界的思想，受到国际社会广泛关注。中国将和谐包容、共同发展、人民幸福的理念贯穿于全球治理始终，从哲学层面提出了全球治理的总体思想。其实中国先哲们对这样的思想早有阐述，中华文化的哲学思想是我们用之不竭的宝库。"古为今用""洋为中用"，中国要有海纳百川的胸怀，取其精华，剔其糟粕，大力推进和谐包容的多边主义和新型全球伙伴关系，兼容并蓄，积极参与应对气候变化、公共卫生、人道主义、能源安全等全球性问题的讨论、合作与解决。在突出规则主导、引导塑造国际新规则的同时，维护国际规则标准体系，树立中国重信守规的大国形象。坚持"共同但有区别的责任原则"和公正、公平原则，强调相互依存和互利共赢。对"保护的责任"等敏感议题不需要回避，要积极参与讨论，施加影响。参与并不表明放弃原则，不参与才是放弃捍卫原则的机遇，只有积极参与并引领全球治理，才能使全球治理体系改革走上正确的方向。

二、负责任大国与负责任治理

在世界政治经济双双进入"新常态"的历史时期，中国作为发展中全球性大国，在几十年国内成功治理的基础上，正在积极推进世界和平与发展事业，深入参与全球治理，无论从理论还是实践上，都努力提供体现中国智慧的全球公共产品，继续做世界经济增长的火车头，继续为国际秩序转换、为全球治理体系改革作出贡献。当前，中国参与全球治理需要重点处理好以下关系：

其一，"扛旗"与"不扛旗"的关系。作为全球治理和国际秩序重塑的主角之一，中国在处理国际事务特别是全球治理部分领域主动发挥作用，即"扛旗"牵头，是十分必要的，也是国际社会的期待，那是建设性的作用，是贡献中国的思想、智慧和方案，为国际新规则制定和新制度安排作出努力，而不是放弃"韬光养晦"，去当"世界领袖"。中国在气候变化领域的作用是个典型。

其二，补充完善全球治理体系与"另起炉灶"的关系。全球治理体系改革难题如何破解？这涉及国际秩序的重塑，自然牵涉如何处理新秩序与现有秩序、新规则与现有规则、新兴大国与守成大国的关系等等。国际秩序和全球治理体系的缺陷，不是靠修修补补就能解决的，但是这必须是逐步改革、补充、完善的过程，并非"另起炉灶"，推倒重来，更不是哪个国家替代另一个国家成为"世界领袖"。全球治理改革涉及各国根本利益和全球化利益再分配，需要各方在公平、合理、有广泛代表性的平台上充分协商，更需要有"同舟共济"的共识作支撑。大动荡、大变革、大调整的全球化和全球治理新时期，困难重重，需要齐心协力共同克服、涉险过关。通过共同努力，使建设命运共同体成为各国共识和努力目标，将是今后国际社会面临的历史考验。

其三，化解地缘政治矛盾，避免陷入"修昔底德陷阱"和大国冲突乃至战争。有效破解地缘政治纠葛，为全球化新时期全球治理消除障碍，同时以更加公平、公正的全球治理来创造各国共同发展、共同繁荣的双赢和多赢局面，为化解地缘政治矛盾创造条件，是各国努力的方向。"逆全球化"和全球治理"失序""碎片化"，大国地缘政治矛盾加剧，两

2017 年 11 月 6 日至 17 日，新一轮联合国气候变化会议在德国波恩举行。与会各国代表对中国在应对气候变化上所作出的贡献表示肯定，并对中国的创新科技和治理经验予以关注。

者叠加的冲击力和破坏力很大。只追求地缘政治"优势",会导致国际环境恶化甚至大国的冲突,而一味推诿于全球化的负面因素,不努力解决诸如贫富差距扩大、社会矛盾激化等深层次问题,则全球化进程有可能夭折。两次世界大战的浩劫让人类付出惨痛代价的深刻教训不可忘记。

其四,"文明冲突"与文明融合的关系。目前,恐怖主义泛滥,民粹主义思潮席卷全球,移民潮汹涌而至(非法和合法皆有,欧洲尤甚),自由贸易与保护主义矛盾加剧。这些现象其实很大程度上涉及各国文明是融合还是冲突的深层次问题。中华文明素以"海纳百川""有容乃大"为特点,从而成为世界上历经5000多年唯一没有中断的文明。如何利用中华文明核心价值理念来化解现代世界各种文明相互竞争、相互排斥的难题,是对中国参与乃至引领全球治理和国际秩序重塑的严峻挑战。

三、习近平新时代中国特色大国外交开拓全球治理新天地

中国共产党十九大报告作出"中国特色社会主义进入新时代"的重大判断,提出了中国在新时代的外交战略与蓝图设计,确立了中国的国际定位,阐释了国际发展背景和趋势,总结了中国对外交往的工作重心、使命责任、行事原则和推进方略。中国坚持走和平发展道路,成为推动世界和平与繁荣的重要力量。习近平主席提出的一系列中国特色大国外交新理念、新思想、新战略,指导中国外交近年来风生水起,为构建以合作共赢为核心的新型国际关系,为推动全球治理体系更加公正、公平、合理,为各国共建人类命运共同体,作出了重要贡献。

首先,以相互尊重、合作共赢为指引,构建新型国际关系,推进国际关系民主化,改革和完善全球治理体系。

过去数百年西方国家在工业革命推动下,引领世界历史风骚,构建

2017 年 10 月 18 日，中国共产党第十九次全国代表大会在北京人民大会堂开幕。

了以西方国家为主的"中心—边缘"国际秩序，并建立了与之配套的全球治理体系，包括政治、经济、科技、文化等诸方面。这套系统真正完整确立是二战结束后，美国领导战胜国主导建立了以联合国为主体的政治体系、以国际货币基金组织和世界银行为核心的金融体系以及以关贸总协定（后改为世界贸易组织）为主体的贸易体系。这一全球治理体系主要为美国和西方服务，但美国的"民主自由平等"建国理念也发挥了作用，适当考虑了发展中国家独立后纷纷成为国际关系主体的现实。客观地讲，70 多年来，除了中间的冷战时期，这一系统为维护世界和平、促进全球经济繁荣发挥了重要作用。

然而，由于历史的原因，这一系统的确存在不公正、不公平、不合理的部分，随着全球化迅速发展和新兴经济体集体崛起，世界力量对比发生历史性变化，国际秩序、全球治理体系不适应形势发展的一面日显突出，亟需改革完善。

是倒退到历史上周期性冲突对抗，还是摆脱陈旧观念束缚，走和平发展与合作共赢的康庄大道？这需要各国认真思考全球治理体系改革，以推动国际秩序的顺利转型。中国从世情、国情出发，选择了走和平发展的道路。和平发展道路能不能走通，关键要看世界的机遇和中国的机遇能否相向而行、相辅相成，中国与各国能否通过良性互动实现互利共赢。何谓良性互动？"投之以桃，报之以李"。中国走和平发展道路，其他国家也要走和平发展道路，不能背道而驰。

任何改革都是以解放思想为引领，只有思想和理念得以更新，才有可能在体制机制上进行有效、有力的改革。全球治理体系改革也不例外。2008年史无前例的金融危机和随之而来的经济危机彻底打破了西方全球经济治理思想的垄断地位，其推行数十载以全面私有化、市场化、自由化为基本信条的经济新自由主义和"华盛顿共识"，被历史无情地抛弃了。各国开始深刻反思，寻求全球治理的新思想、新理念、新方案。

中国从成功的国内治理和外交实践中，逐步摸索、总结出一些于中国、于世界都有利的思想、理念和经验，这些要素提炼升华构成了习近平新时代中国特色社会主义外交思想的内涵。其中，以"相互尊重、合作共赢"的精神构建新型国际关系和改革全球治理体系是其精髓。

依据新理念并结合区域一体化和全球化发展的经验教训，中国提出了与周边沿线国家以及欧洲"共商、共建、共享"丝绸之路经济带和21世纪海上丝绸之路（"一带一路"）的国际发展合作新倡议。目前，"一带一路"倡议的范围已经延伸到任何愿意参与合作的国家和地区，突破了传统意义上的疆域概念。中国身体力行，牵头建立亚洲基础设施投资银行、新开发银行、丝路基金等新型国际金融和投融资机构，为实践"一带一路"提供金融支撑、多渠道融资。改革并非革命，而是对现有体系作有序、必要的调整。美国和西方国家不必为此担忧，惧怕中国会推翻现有体系，"另起炉灶"。中国是全球化和现有国际关系、全球治理体系的受益者，中国的发展壮大与融入国际体系、深入参与全球治理体系密切相关。譬如，尽管加入世贸组织（WTO）的过程十分痛苦，中国仍毅然决然地投身到世界贸易体系中，并成为关键一员。即便当前 WTO 多哈回合拖而不决，有解体之虞，中国也没有放弃，而是希望全球 400 多个自贸区协定能够整合、梳理，形成真正有利于全球贸易与投资自由的新的全球贸易安排。全球化不能走回头路，全球治理不能走回头路，只能改革创新，形成互利共赢的合作模式，藉此发达国家经济实现持久复苏，新兴经济体克服困难保持发展势头。全球治理体系改革需要兼顾

2016 年 11 月 9 日，世贸组织副总干事戴维·夏克在出席"上海 WTO 事务咨询中心顾问委员会年会"时强调，中国现在不仅在全球价值链中扮演重要角色，而且已经是世贸组织的核心成员，期待中国在世贸组织未来发展中发挥更重要作用。

各方利益，而不能以牺牲一部分国家利益来换取自身的经济发展。"一家富不算富，家家富才是富"。

其次，中国倡导各国增强利益共同体、责任共同体和命运共同体意识，建立相互依存的全球伙伴关系网络。

这实际上讲的是国际秩序问题。如何建立更加公正、公平、合理的国际秩序，是人类面临的长期挑战。在新工业革命和信息革命如火如荼的新时代，中国作为新兴大国与守成大国美国的关系、中国与世界的关系都在发生极其深刻的变化，未有穷期。各国建立休戚与共、"你中有我、我中有你"的利益、责任和命运共同体意识亟需加强，付诸行动从未像现在这么迫切。真所谓时不我待！

由于历史和现实原因，目前的国际秩序与命运共同体有很大差距。全球性问题集中爆发，而全球治理意愿和能力匮乏，还受到地缘政治的严重干扰。这种全球治理的"赤字"和困境使人们感受到无可奈何的沮丧。然而，沮丧并不能解决问题。国际社会需要形成积极推进全球治理的共识和决心，排除干扰，奋勇向前！

习近平主席多次向世界公开宣示，中国将坚持改革开放，坚持同各国建立和谐共生的命运共同体。这是基于对人类历史发展规律的深刻认识。全球化时代"人、财、物、数据"的自由流动，将各国命运紧紧地联系在一起。现在已经没有不是全球生产的商品，生产链与价值链实现了全球布局、世界配置。波音飞机如此，智能手机如此，连餐桌上的食品也是如此。如果再以旧眼光来看待世界，只顾自己"一亩三分地"，历史就会倒退，人类的进步和发展就会止步。

人类命运共同体的核心是主权平等、相互尊重、合作共赢。中国主张在此基础上建立各国相互依存、相互信赖、平等相待的全球伙伴关系网络，为人类命运共同体建设奠定基石。全球伙伴关系网络一旦建立起

2014 年 5 月，亚洲相互协作与信任措施会议第四次峰会在上海举行。图为与会领导人合影。

来，将是主权国家平等相待、互利合作、共同发展的网络，也是保护小国、弱国生存和安全的有效屏障。

人类命运共同体需要有正确的共同价值观和文明对话模式。国之交，在于民相亲；民相亲，在于心相知。习近平主席 2015 年在亚洲博鳌论坛演讲时提出"亚洲文明对话"，在其他出访演讲中，他多次阐述在多元多样多极的世界中，不同文明和国家有着并行不悖的多元共生文明观。"道不同，互相讨伐"不符合文明和价值观多样的现实，更违背人类文明发展的客观规律，在国际关系和全球治理实践中易滋生干涉主义，动辄站在道德制高点肆意干预别国事务。命运共同体倡导共处共生的和谐之道，相互尊重各自价值理念、发展道路、政治制度，加强治国理政和文明对话交流，互相借鉴、取长补短，推动人类文明不断发展。

第三，中国提出并倡导"共同、综合、合作、可持续"的新安全观，希望各国统筹发展与安全两件大事，以发展促安全，以安全保发展，形成良性循环。

全球治理体系唯安全与发展为大。如今，冷战遗留的"零和"思维和丛林法则仍存，世界乱象丛生，并不太平。中东在西方干预和"阿拉伯之春"影响下，国家和社会秩序崩溃，民不聊生，难民大批外逃。乌克兰危机持续发酵，影响欧洲安全和美俄、美欧关系。许多热点问题并没有随着冷战的结束而告终，还在困扰着有关地区国家。中国希望以人类命运共同体意识来认识和处理国际关系，摒弃把自身安全建立在别人不安全之上的旧思维，坚决反对对抗冲突的"零和"思维。在亚洲这一矛盾十分突出。东亚面临的"经济依靠中国、安全依赖美国"这一发展与安全"分道扬镳"现象不可持续，结果很可能是既不安全，发展也遭遇瓶颈。安全与发展两方面的全球和区域治理需要首先着力解决东亚的难题，需要以新安全观为指导，在东亚乃至亚洲构建新的安全秩序，以合作求安全，以综合施策实现可持续安全，为东亚经济强劲发展提供可靠安全保障。大国要发挥正确的引领和示范作用。这里，中美努力建设"不冲突不对抗、相互尊重、合作共赢"的新型大国关系至关重要。而"一带一路"建设则为中国和周边国家的互利合作与命运共同体建设提供了可行的思路与配套的"路线图"。

第五章
全球治理：中国的历史选择与大国担当

20世纪90年代以来，随着全球治理概念的提出、传播与发展，这一理念逐渐成为中国社会的热词。作为世界最大贸易国、第二大经济体以及最大发展中国家，全球治理舞台上中国一直没有缺席，而且作用越来越显露，世界对中国也怀着长久和重要期待。中国参与全球治理源于全球经济治理，又超越全球经济治理，已经深入全球治理的各个领域。[①]

中共十八大以来，在以习近平总书记为核心的党中央领导下，中国坚定不移奉行互利共赢的开放战略，本着"共商、共建、共享"的原则和理念，积极推动全球经济治理体系改革和创新，提升发展中国家的全球话语权，努力为促进世界经济增长和完善全球治理贡献中国思想和中国方案。同时，中国致力于全球治理理论联系实践，对全球经济治理的引领作用进一步加强。随着中国走出去步伐加速，全球治理定会有更多的中国印记和足迹。

[①] 靳诺：《全球治理的中国担当》，北京：中国人民大学出版社，2017年，第5页。

第一节
中国参与全球治理的必要性

回首黑天鹅频现的 2016 年，面对世界对英美全球化退潮的种种不安，2017 年 1 月 17 日，中国国家主席习近平在达沃斯峰会上发出了"共担时代责任，共促全球发展"的建设人类命运共同体倡议。① 可以说，在风云莫测的世界浪潮下，中国参与全球治理的必要性和重要性更加凸显。英美的"退出"只是"西方治理"遭遇失败后必然出现的迷思，从"西方治理"到"东西方共治"的全球治理调整，引发的战略焦虑和忐忑不安使美西方进退两难，左右摇摆。但是全球化的进程从来没有被逆转，也不会被逆转，问题是如何从"美国治下的全球化"转换成世界各国普遍参与的"普惠、公正、公平的新全球化"。

1840 年，以英国为首的西方列强用炮舰打开中国大门，五千年历史的东方文明遭遇了"千年未有之大变局"，被强行纳入西方主导的"治理"体系。回首过往的 170 多年，经过几代人的奋斗，中国最终成功融入世界发展大潮，借"势"发"力"，回到了世界舞台的中央。2016 年，习近平

---

① 习近平：《共担时代责任 共促全球发展——在世界经济论坛 2017 年年会开幕式上的主旨演讲》，新华网 2017 年 1 月 17 日，http://news.xinhuanet.com/world/2017-01/17/c_1120331492.htm。

总书记在纪念孙中山先生诞辰 150 周年大会上讲到，"我们比历史上任何时期都更接近中华民族伟大复兴的目标，比历史上任何时期都更有信心、有能力实现这个目标。"[1]回顾中华民族历史，中原王朝在其强盛阶段无不达济天下。因此，中华民族走向伟大复兴的进程，也必然是中国深入参与全球治理，并为此提供中国思想和方案的过程。

一、实现中华民族伟大复兴的必由之路

（一）打破西方治理霸权，推动国际关系民主化

世界秩序和全球治理之争说到底是规则之争，而规则之争的背后又是话语权的交锋。全球治理促进普世价值形成的过程本应是一个不同文明取长补短、相互学习的互动过程[2]，但是美西方国家自视西方文明高于一切，以"山上的灯塔"傲视天下，大搞"话语霸权主义"，通过塑造自由民主神话，为世界霸权战略利益服务。苏联解体、东欧巨变后，美国精英们认为国际政治制度的竞争已经结束，"历史终结"论铺天盖地，不可一世。但是，历史不以人的意志为转移。中国等发展中国家的集体发展，尤其是中国发展模式的成功，给全球治理注入了活力，带来了春风。而西方国家目前出现的源于民粹主义和狭隘民族主义的政治混乱和极端化，已经造成资本主义的制度性危机，社会分裂严重，内部矛盾恶化。西方国家一面寻求国内解决之道，同时加紧向外转移矛盾，寻找"替罪羊"。而西方煽动的"阿拉伯之春"昙花一现，如今进入漫长"寒冬"，给世界和地区带来了险象众生的治理洼地。

---

[1] 习近平：《在纪念孙中山先生诞辰 150 周年大会上的讲话》，新华网 2016 年 11 月 11 日，http://news.xinhuanet.com/2016-11/11/c_1119897047.htm。

[2] 何亚非：《全球治理创新需要中国智慧》，《第一财经日报》，2010 年 11 月 13 日。

过去几十年，国际社会一直受美国政治"单边主义"、经济"新自由主义"双引擎主导，走了不少弯路，经历了不少危机。世界政治持续动荡，经济跌宕起伏。2008年金融危机爆发，追随"新经济自由主义"的国家大多经济陷入绝境，社会动荡分裂[1]，美国自己也遭受了严重打击。严酷事实让许多国家对旧国际秩序和美国主导的全球治理体系失去信心，G20在风急浪高中脱颖而出；"自由资本主义"世界的经济持续疲软，中国等金砖国家和其他发展中国家逆势而起。事实证明，国际社会要想寻找出路，必须吸纳更广泛的参与者，祛除意识形态划线的冷战思维；全球治理不应成为少数国家和跨国公司寡头的"一言堂"，需要广纳贤言，让世界人民感受到参与感、获得感和幸福感，全球治理需要更好地平衡市场效率和公平正义。

中国共产党用"经济全球化、世界多极化、国际关系民主化和发展模式多样化"来概括我们所处时代的特征。中国进入中国特色社会主义新时代、世界进入全球化新时代，上述概括更加凸显其前瞻性。我们的世界丰富多彩，文明多样多元，不可能只有一种思想、一种模式。承认世界的多样性，尊重各国历史文化、社会制度和发展道路，实现国际关系民主化，才能构成稳定、和平的世界，而非重复近代欧洲史上的大国纷争乃至战争。世界多极化从结构上为世界力量的平衡和稳定提供了前提，而国际关系民主化为世界力量的协调发展提供了程序保障。[2]

（二）中国梦蕴含"治世之道"

2012年11月29日，中共中央总书记习近平在参观"复兴之路"展

---

① 何亚非：《"一带一路"创新全球治理理念》，重阳论坛发言现场整理，2017年5月8日。
② 倪世雄、王义桅：《再论国际关系民主化》，《社会科学》2003年第12期，第24—30页。

览时，第一次阐释了"中国梦"的概念。中国梦不仅是中国人独享的百年追求，更有着深刻的国际内涵：习近平总书记在主持中共中央政治局第十二次集体学习时强调，中国梦意味着中华民族为人类和平与发展作出更大贡献的真诚意愿。这不仅重申了中国致力于世界和平与发展的决心和承诺，也进一步阐明了中国梦的世界意义。中国梦是中华民族在自立、自强基础上的自尊诉求，中国致力于为世界发展作出更大贡献，不会威胁或损害其他文明和国家。

中国梦所蕴含的"治世之道"主要有两个层次。第一，讲好中国故事，让中国真正成为全球治理的主要角色。在世界舆论场里，"中国威胁论"在西方世界以及中国周边国家仍然有市场。中国梦的价值在于，为世界发展提供"源于中国而属于世界"的物质与精神财富，同时消除世界对中国的误解。第二，实现中国梦的过程中，必然要面对全球治理。

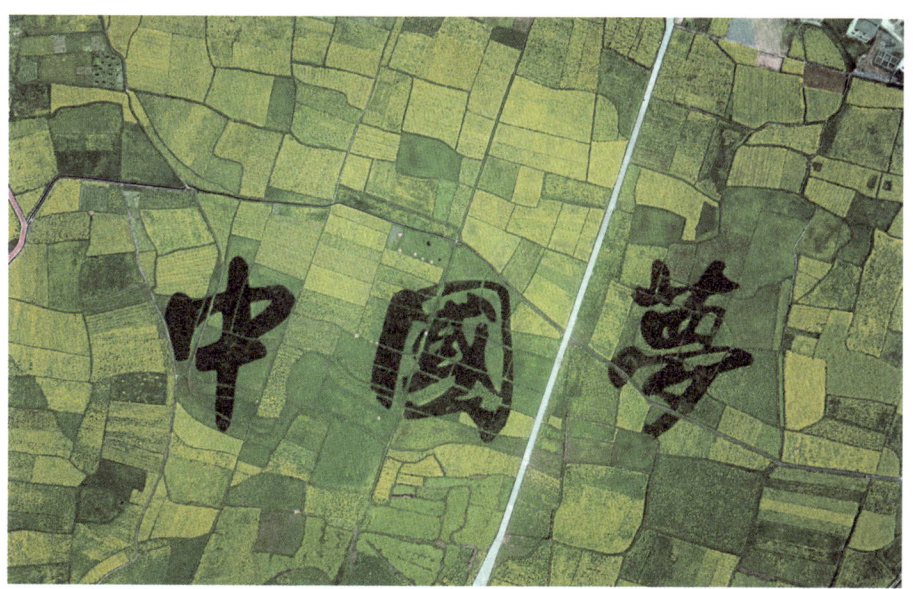

中国梦是和平、发展、合作、共赢的梦，与世界各国人民的美好梦想相通。图为贵州油菜花田，利用不同颜色的作物，组成了"中国梦"的字样。

中国梦与中华民族伟大复兴的战略设想提出以来，"一带一路"倡议成为了最好的现实注脚。"一带一路"沿线国家是传统、非传统安全因素集聚地区，经济风险、投资风险、区域风险错综交织。可以说"一带一路"沿线国家治理的效果是全球治理"绩效考核"的关键指标，因此，中国梦不可能脱离世界"独善其身"，必然与"世界梦"和各国的梦想相契合、相融合、相重叠。

（三）西方思想困局与东方智慧补位

20 世纪 80 年代末，世界银行首次提出"治理危机"的概念，引起世界各国的重视和关注。由于二战后国际秩序和治理机制由美国和西方主要大国建立并主导，冷战因前苏联垮台而结束，这使美国"感觉十分良好"，认为历史已经宣告终结。全球治理由此出现的真空由七国集团（G7）当仁不让地立即予以填补。这一"西方治理"的模式一直延续到 2008 年金融危机的爆发。"西方治理"模式的失败催生、推动 G20 登上了历史舞台。[①]

"乱世"的出现，必然是全球治理失灵的结果。正如中国外交学院秦亚青教授所言，冷战后的世界发生了深刻变化，无论一个国家多么强大，单凭自己的实力都无法化解所有安全威胁，美国的反恐战争就是很好的例证。全球治理需要根据这些重要变化，以新思想、新模式、新方案有效应对新挑战、新情况。如果治理思路无法摆脱旧治理模式及理念，就无法解决当今国际社会的重大难题，最终"治理赤字""治理无序和碎片化"就会紧紧地束缚我们的思想和手脚。现在全球治理规则滞后于全球治理新挑战的现状，即全球性治理思想、模式和方案不能适应全球化迅速发展和全球性问题大量涌现的现实，表现在治理规则的供应在质

---

① 何亚非：《全球治理中 G20 取代 G7 是历史使然》，《第一财经日报》2010 年 6 月 19 日。

和量上都落后于实际需求。现行规则不能解决世界面临的挑战，"规则滞后"是基本原因。[1]

面对这种社会现实，国际社会呼唤新的治理思想。2015年10月12日，习近平总书记在主持中共中央政治局第二十七次集体学习时说，随着全球性挑战增多，加强全球治理、推进全球治理体制变革已是大势所趋。要推动全球治理理念创新发展，积极发掘中华文化中积极的处世之道和治理理念同当今时代的共鸣点，继续丰富打造人类命运共同体等主张，弘扬"共商""共建""共享"的全球治理理念。中国借助对全球治理的系统梳理，对面临的挑战进行认真深入分析，从中华文明和中国视野出发，及时提出未来国际秩序框架的核心要素，可以说正逢其时。[2]

二、新时代给中国提出的新要求

（一）当前中国核心利益面临的重大挑战

从历史发展的角度看，我们正处于国际秩序的转换期和调整期，全球治理的机制体制也在相应发生变化。需要警惕的是全球风险的进一步上升以及全球治理失序的危险。2011年9月6日，中国国务院新闻办公室发表《中国的和平发展》白皮书，界定"国家主权，国家安全，领土完整，国家统一，中国宪法确立的国家政治制度和社会大局稳定，经济社会可持续发展的基本保障"为中国的核心利益。而当前全球的重大风险问题，如传统安全风险、恐怖主义、金融危机、海洋主权安全、单边主义抬头等等，无不涉及中国的核心利益。正如习近平主席强调的，中国需要抓

① 秦亚青：《全球治理失灵与秩序理念的重建》，《世界经济与政治》2013年第4期，第7页。
② 何亚非：《从全球治理改革到重塑国际秩序——"自由政体"与"非自由政体"之争》，《金融时报》2017年3月27日。

2012年2月29日，中国国防部组织各国驻华武官，向他们解读《中国的和平发展》白皮书。

住机遇、主动作为，坚决维护以《联合国宪章》宗旨和原则为核心的国际秩序，坚决维护中国人民以巨大牺牲换来的第二次世界大战胜利成果；中国提出"一带一路"倡议，发起成立亚洲基础设施投资银行等新型多边金融机构，促成国际货币基金组织完成份额和治理机制改革，积极参与制定海洋、极地、网络、外空、核安全、反腐败、气候变化等新领域治理规则，都是为了改革全球治理体系中不公正不合理的安排。

（二）打破西方迷信，审视世界治理的重大转变

进入 21 世纪以来，全球治理出现了许多新变化、新发展，全球治理进入了"新全球化时代"，人们对世界事务的认识也随之发生了深刻的变化，主要表现在四个方面：

一是中国和发展中国家整体同步崛起，改变了世界政治经济的版图

2017 年 9 月 5 日，新兴市场国家与发展中国家对话会在福建厦门举行，图为与会国家领导人合影。

和格局。二战以后确立并逐步完善的国际秩序和全球治理体系对于保障世界和平、促进经济繁荣功不可没。然而，这一全球治理体系在指导思想、消除全球化负面影响方面存在差距和缺陷，世界货币体系更是主要服务于发达国家及其垄断资本。2008 年世界金融危机以来，中国、俄罗斯、印度、巴西、土耳其等一批新兴市场经济体和发展中国家融入全球化大潮，改写了全球治理体系和世界发展的历史。[1] 美国和西方国家虽然总体接受，但"不适应"和"战略焦虑"明显上升，调适进程颇为曲折，大国关系随之更趋复杂、敏感。

二是世界经济原有增长模式动力耗尽，世界经济自金融危机以来持续低迷，国际贸易连年下滑，近来才企稳转暖。各国认识到，世界经济增长需要新动力、新思路、新模式，需要探索经济增长和全球治理的新路径。

三是全球经济治理存在严重缺陷，治理"赤字""失序和碎片化"现象与各国经济相互依存增大的矛盾日益尖锐。今后几十年国际秩序和

---

[1] 何亚非：《开拓新时期全球化发展的新思路和新路径》，《21 世纪经济报道》，2017 年 2 月 28 日。

全球治理的焦点依然是规则之争，看哪些国家对新的国际经济规则制定有更大的影响力和发言权。

四是全球化与"逆全球化"的博弈削弱了全球化的政治和民意基础。一方面，经济新自由主义和"华盛顿共识"光环破灭，美国自我孤立、排斥其他文明，减少全球公共产品的供给，使得美国国际信誉严重受损，美式"自由民主"体系遭受内外夹攻；另一方面，随着贫富差距扩大等全球化负面效应积聚，包括美国在内的不少国家反全球化思潮和民粹主义思潮上升，影响了全球化进程，特别是影响了全球自由贸易和投资体系的运转。

三、勇于践行负责任大国的"世界使命"

（一）新型大国地位与参与全球治理要匹配

中国能在短短数十年内成长为全球第二大经济体，主要依靠中国共产党的坚强领导和中国人民的艰苦奋斗，重要的外部原因是全球化迅速发展的国际和平环境。当中国实力增强的时候，自然就会想到有责任为全球治理作出更大贡献，提供更多全球公共产品。中国对全球治理的热情也基于国家利益的考量：中国期待通过积极参与全球治理，维护自身利益，并提出中国方案，在国际社会赢得更大话语权。这就是中国国家利益与国际社会利益的一致。[1]

作为世界第二大经济体、安理会常任理事国之一，中国理应在全球治理中扮演重要角色。事实上，过去中国除了在政治经济金融治理领域有一

---

[1] 达巍、王文：《迈向更好的全球治理》，《超越分歧 走向双赢：中美智库研究报告》，http://rdcy-sf.ruc.edu.cn/displaynews.php?id=33925。

定发言权和决策权之外，在全球治理其他领域处于相对被动的地位，如在气候变化、网络和信息安全、海洋、太空等领域。中共十八大以来，在习近平新时代中国特色社会主义思想指引下，中国参与全球治理的深度和广度都有很大变化，中国不仅积极参与全球治理各领域的实践和规则制定，还在联合国、G20、上合组织、金砖国家机制和其他区域组织平台上提供具有中国思想的中国方案，得到国际社会特别是广大发展中国家的充分肯定和欢迎。随着西方经济新自由主义在全球治理体系影响力逐渐式微，以中国为代表的新兴大国力量的增强，为中国借助自身发展和成功治理的经验，"创造性地介入"全球治理事务提供了现实基础和可能。

（二）负责任大国与负责任治理

今天，世界的繁荣复苏离不开中国，中国的发展复兴也离不开世界。

2017 年 2 月 28 日，联合国安理会在纽约联合国总部召开会议，对一份关于叙利亚化学武器问题的决议草案进行表决。由于中国和俄罗斯两个安理会常任理事国投反对票，草案未获通过。图为中国常驻联合国代表刘结一在表决后作解释性发言。

中国清楚地认识到，现在确实需要对全球化进行深刻、多层面的反思，找出全球化发展的趋势和暴露的问题，并就完善以联合国为核心的全球治理体系提出新思路、新路径、新办法。中国作为文明古国和新兴大国，欢迎"新全球化时代"的到来，并愿在其中发挥积极的推动和引领作用。

目前，全球经济治理体系亟需改革，无论是重要国际金融机构的权力分布，还是支撑相关机构的原则和标准，都难以反映当前国际经济和政治实力分布，中国和其他发展中国家一直有着非常明确的改革意愿和态度，是推动全球经济治理体系改革的重要力量。

中国近年来对全球治理的贡献得到了包括一些西方国家的认可。有西方学者如是说，中国在推动全球经济治理改革的过程中，寻求的是在确保全球经济和金融秩序稳定基础上的改革。中国推动亚洲基础设施投资银行的努力被视为中国负责任大国改革全球治理路径的典型。通过建立亚洲基础设施投资银行，中国推动了亚洲金融治理领域尤其是基础设

亚投行创始成员国为57个，2018年6月黎巴嫩作为意向成员加入，成员总数将增至87个。图为2017年6月在韩国济州举行的亚投行第二届理事会年会。

施融资标准和实践的改革与创新。这一创新还与既有的全球和地区金融治理机构密切合作，增强了地区金融治理的能力。

习近平主席强调，要推动全球治理体系更加公正、公平、合理，为中国发展和世界和平创造有利条件。中国高度重视参与和引领全球经济治理体系的建设和改革，努力提高全球经济治理的决策权和话语权。中国改革开放几十年的成功经验和发展模式为世界各国特别是新兴经济体提供了可供选择的新发展道路和模式，受到高度关注。

（三）中国的历史担当与"天命"使然

中华文明底蕴深厚，有着数千年的积累。中国有历史责任为世界提供与时俱进的全球公共产品，为全球治理提出中国的思想、路径和方案，建立平等互利、合作共赢的新型国际合作模式，为促进世界经济增长、完善全球治理体系作出贡献。传统中国并不缺乏现代社会的基本理念。[①] 中国古代思想以人为中心，极为看重人的生存尊严、生命尊严。而这正是如今"商业导向"世界所缺失的。道义承当，关心百姓疾苦，这是古代中国以天道等信仰作为精神乡土的重要认同。"命运共同体"理念的基础和指向，就是中国"和""美"的传统文化，体现着博大的天下情怀。从努力促进"和而不同，兼收并蓄"的文明交流互鉴，到倡议"合作共赢、和平发展"的历史潮流，正因为有了这股致力于弥合分歧、化解对抗与冲突的"清流"，中国的"朋友圈"扩大了不少，世界也更加期待中国的表现与担当。[②] 发现和挖掘全球视野下天下礼治的现代意义和进步价值，将为用中国智慧推进全球治理提供一种崭新选项。

---

① 何亚非：《全球治理创新需要中国智慧》，《第一财经日报》，2010 年 11 月 13 日。
② 陈康令：《在全球治理中传递中国之"礼"》，《人民日报》，2016 年 9 月 27 日第 5 版。

2000 多年里，中国一直在政治、经济、文化等领域推行"天下"礼制，持续性地实现了中国与周边国家的稳定与繁荣。在方兴未艾的全球治理变革中，作为"文明型国家"的中国将历史性传承和现代化发展有机结合，获得了开启全球治理新路径的最佳时机。①

---

① 陈康令：《给全球治理注入中国智慧》，环球网 2007 年 5 月 27 日，http://opinion.huanqiu. com/1152/2017-05/10750806.html。

第二节
"一带一路"成为全球治理的"新共识"

2015 年 3 月 28 日，中国政府首次对外公布了《推动共建丝绸之路经济带和 21 世纪海上丝绸之路的愿景与行动》。这一愿景是中国所倡导的新型国际关系体系的重要内容和实现步骤，它追求在国家间建立更为广泛的合作共赢关系，与当前国际关系中仍然盛行的丛林法则形成鲜明对照。它所体现的全球治理新思想，是中国作为发展中大国，在自身经济发展和国内治理成功经验基础上提出的创新、务实之举，既有中国发展道路的理论基础，又有中国发展模式的实践根基。2017 年 5 月在北京召开的"一带一路"国际合作高峰论坛凸显了"一带一路"与各国共识的交织，是国际社会对中国发展道路和模式的充分肯定。

当前，全球化与"逆全球化"博弈处于十字路口，西方经济新自由主义日薄西山，全球治理呼唤结构性改革、新指导思想和模式。在世界政治经济格局深刻变化、全球化面临何去何从这一关键时刻，国际社会聚焦中国，希望从中国国内成功治理的经验中提炼全球治理的新思想、新方案。

一、"一带一路"倡议是中国参与全球治理的创新选择

从 2003 年 G8 法国埃维昂峰会起，西方就认识到了自己不足以处理全球经济事务，七／八国集团根据不同的议题来邀请新兴国家参与其峰会以"增强其法理依据"[①]，并于 2005 年形成了"G8+5"的对话机制，然而它并没有真正解决发展中国家话语权不足的问题。2018 年国际金融危机爆发，凸显了以中国为首的新兴国家的重要性，二十国集团峰会机制应运而生，成为全球治理的主要平台。

金融危机爆发后，中国迅速推出 4 万亿元的经济刺激计划（这一投资计划的后遗症如何属于另外一个议题），率先走出金融危机，以较高的经济发展速度为全球 GDP 增长作出贡献。在金融危机和欧洲主权债务危机下，中国继续保持美国国债最大持有国，并购买了欧洲有关国家的债券，充分展现了负责任大国的担当。2010 年中国一跃成为世界第二大经济体。在此背景下，美国经济学家弗雷德·伯格斯滕甚至提出了"G2"的概念，即由中、美两国组成一个集团来代替八国集团，携手解决世界性问题。哈佛大学著名经济史学教授尼尔·弗格森（Niall Ferguson）和柏林自由大学石里克（Moritz Schlick）教授更是提出了"中美国"（Chimerica）概念，暗示中美两国已经进入共生时代。[②] 虽然中美都拒绝这些提法，然而其含义不言而喻：中国已经成为几乎可与美国平起平坐的国家了。但是现实中美国不可能就此将国际体系中的话语权让渡给中国，这促使中国开辟新的路径以提高自身的制度性话语权，"一带一路"倡议正是典型范例。

---

① 何亚非：《选择：中国与全球治理》，北京：中国人民大学出版社，2014 年，第 31 页。

② 《G2、"中美国"与中美关系的现实定位》，《红旗文稿》，转引自新华网 2009 年 7 月 14 日，http://news.xinhuanet.com/theory/2009-07/14/content_11704254.htm，2017 年 5 月 12 日访问。

2013 年 9 月，习近平主席在哈萨克斯坦纳扎尔巴耶夫大学演讲时明确提出建设丝绸之路经济带；一个月后，他在印尼国会演讲时，又提出建设 21 世纪海上丝绸之路，二者合称"一带一路"。"一带一路"倡议是中国参与全球治理的创新选择，"创新"既说明其与之前中国追求道路不同，也体现了理念超越。之前，中国主要寻求提高在现有治理框架中的话语权，也就是一种"改制"；而"一带一路"体现了一种新模式——"创制"[①]。从理念上来看，原有治理模式存在典型的西方中心主义和二元对立思维[②]，而"一带一路"强调"共商、共建、共享"，这符合古代丝绸之路和如今合作共赢的内涵。

首先，"一带一路"适应中国经济新常态的要求。2008 年中国出台的刺激计划是必要的，但在执行过程中出现了投资重复和过热的问题。拉动内需需要民众有充足的购买力，然而民众不可能在短时间积蓄起财产用于大量消费。这样，刺激计划只能转向大规模投资，其中包含产能趋近饱和的钢铁业等，于是产能过剩加剧。然而世界钢铁产业并不平衡，东南亚、非洲、中东等地有巨大的市场需求。建设"一带一路"可以将中国过剩的产能与沿线国家的实际需求相结合，最终实现双赢。[③]

其次，中国有大量外汇储备。曾参与部分决策的许善达认为，当时一个主要考量就是，虽然建设"一带一路"存在风险，但其收益比购买低风险的美国国债更大[④]。许善达还指出，"一带一路"在某种程度上参考了"马歇尔计划"，但绝不同于这一计划。"马歇尔计划"提供贷

---

① 赵可金：《中国的国际秩序观与全球治理的未来》，《人民论坛·学术前沿》2017 年 2 月下，第 9 页。

② 秦亚青：《全球治理失灵与秩序理念的重建》，《世界经济与政治》，2013 年第 4 期，第 7 页。

③ 何亚非：《选择：中国与全球治理》，第 142—143 页。

④ 孙莹：《高层智囊许善达解密中国一带一路来龙去脉》，《凤凰大参考》，引自凤凰网 2017 年 5 月 17 日，http://news.ifeng.com/dacankao/xushanda1/1.shtml，2017 年 5 月 19 日访问。

由中国浙江吉利控股集团与白俄罗斯合资建设的白俄罗斯吉利汽车股份有限公司，于 2017 年实现量产车下线，"一带一路"帮助白俄罗斯实现了"国产轿车梦"。

款时严格把控受援国项目运行，而"一带一路"绝不借此干涉他国内政。

再者，"一带一路"倡议是对现有治理体系缺陷的补充。现有治理体系本质上由西方主导，导致了公共产品供应不足和国家间贫富差距等问题。中国提出"一带一路"倡议，旨在为发展中国家提供更多的公共产品，帮助他们发展并共享发展成果。2012 年，奥巴马高调宣布实行"亚太再平衡"，挑动中国和邻国的领土和海洋纠纷，推动建立"跨太平洋伙伴关系协定"（TPP），并宣布将主要兵力部署在西太平洋，企图限制中国向外发展的空间，从这个意义上看，"一带一路"倡议也是中国战略突围的选择。

最后，"一带一路"倡议有深刻的国际背景。美西方国家不愿看到中国地位的提升，中国只能通过"创制"来提高自己的话语权，为发展中国家仗义执言。然而，"创制"并非另起炉灶，而是为了完善现有治理体系，习近平主席在"一带一路"高峰论坛上的讲话充分揭示了这一点。① 此外，越来越多的评论认为中国和美国存在着结构性矛盾，可能会陷入"修昔底德陷阱"。2013 年 6 月，习近平主席与奥巴马总统在安纳伯格庄园会晤时，再次阐述了构建"不冲突不对抗、相互尊重、合作共赢"新型大国关系的构想，然而美国反应并不积极。在此背景下提出"一带一路"倡议，表明中国绝不是挑战国际体系，而是更多考虑如何让发展中国家分享发展成果，反映了中国"和"的思想。

二、"一带一路"倡议创新中国参与全球治理的话语体系和路径

中国参与全球治理，理论与实践相结合。理论就是合作共赢，实践是"在时空上具有某种稳定性的一系列语言和非语言行动"②，"是一定时空条件下的行为和言语联结"。③ 话语实践和行动实践构成两种主要路径。"一带一路"创新了中国参与全球治理的话语体系和路径。

现有全球治理体系理念上是西方新自由主义主导。美西方国家作为体系受益者，极力将这一模式和理念推向世界。而"一带一路"则将中国的发展理念和价值观注入全球治理框架中，深刻反映中国参与全球治理的话语体系。

---

① 习近平：《携手推进"一带一路"建设——在"一带一路"国际合作高峰论坛开幕式上的演讲》，新华网 2017 年 5 月 14 日，http://www.xinhuanet.com/politics/2017-05/14/c_1120969677.htm。

② Christian Buger, Frank Gadinger: Culture, Terror and Practice in International Relations: An Invitation to Practice Theory, p.10.

③ Theodore R. Schatzki, Karin Knorr Cetina and Eike Von Savigny: The Practice Turn in Contemporary Theory, London: Routledge, 2001, p.89.

2018 年 6 月 13 日，中国常驻联合国代表团同联合国经社事务部、联合国开发计划署和世界卫生组织驻联合国办事处在纽约联合国总部共同举办"'一带一路'倡议和 2030 年可持续发展议程"高级别研讨会。图为第 72 届联大主席莱恰克（左二）发言。

　　"一带一路"源于古代"陆上丝绸之路"和"海上丝绸之路"，有丰富的文化内涵。在西方用坚船利炮推动的全球化之前，丝绸之路已存在上千年，促进了东西方文化的交流，是贸易、文化的大动脉，更是和平之路。在中西方交往中逐步形成了以"和平合作、开放包容、互学互鉴、互利共赢"的丝绸之路精神，"一带一路"倡议就是要继承和发扬这一精神。因此，其传承的理念折射出中国的目标追求和价值理念，既超越中国先前参与全球治理的话语体系，更是对既有全球治理话语体系的创新。

　　"一等一路"倡议折射的是平等合作理念。现有西方治理体系本质上是话语霸权，强迫发展中国家服从既定议程。"一带一路"追求"共商、共建、共享"，充分考虑主权平等原则，照顾沿线国家的关切和诉求，

2017 年 10 月 12 日，中国财政部与世界银行在美国华盛顿共同举办"一带一路"高级别研讨会，世界银行行长金墉（中）在论坛上发言，指出"一带一路"倡议体现了中国领导人的智慧与担当，将惠及全球各国人民，世界银行将带头全力支持落实"一带一路"倡议。

以平等身份融入。"一带一路"倡导"共荣"理念，该倡议包含中国利益，同时考虑沿线国家诉求，最终与沿线国家分享发展成果，是中国传统文化中"己欲立而立人，己欲达而达人"的真实写照。"一带一路"是一条开放之路，中国以包容的姿态迎接一切愿意加入的国家。

三、"一带一路"提升中国参与全球治理的制度性话语权

自实施以来，"一带一路"倡议得到许多国家积极回应，写进了联合国大会决议，提升了中国在全球治理中的制度性话语权。

"一带一路"倡议之所以能得到广泛支持和认同有诸多原因。首先，

广大发展中国家认同是因为中国的理念和路径符合他们的诉求。出于历史和现实地缘政治考虑，再加上西方国家挑拨，许多国家尤其是中国周边国家一度担心中国会重走"国强必霸"的老路。"一带一路"沿线主要是发展中国家，历史上大都是西方列强殖民地，独立后虽有强烈的民族主义诉求，但并没有在国际体系中取得话语权，很多情况下，美西方国家是"命令"而不是"商量"。"一带一路"释放了中国"和平"诚意，倡议中的"共商""共建"充分体现了平等原则，给广大发展中国家提供充分展现话语权的平台。

"一带一路"倡议满足了广大发展中国家现实需要。基础设施建设是经济发展基础，是广大发展中国家最需要的"公共产品"。基础设施

2017 年 9 月 22 日，中国外交部长王毅（左二）和联合国秘书长古特雷斯（右二）共同出席在纽约联合国总部举行的《中华人民共和国外交部和联合国经济和社会事务部关于"一带一路"倡议的谅解备忘录》签署仪式。

建设离不开大量资金支持，发展中国家在建设过程中曾不得不依赖于西方主导的世界银行等国际金融机构，然而它们给发展中国家贷款份额有限，且常附加多种条件。以亚洲为例，"亚洲基础设施资金需求约为每年8000亿元，而亚洲开发银行和世界银行拨给亚洲国家的份额仅为200亿美元"①，根本无法满足需求。"一带一路"则着力打造设施联通，并为此设立了亚洲基础设施投资银行和丝路资金，从根本上拓展了这些国家的融资渠道。中国还努力将"一带一路"与沿线国家的发展战略相对接，提供中国的发展经验和技术。沿线国家感受到和平与平等，得到了切实的物质收益，自然积极响应。日本、俄罗斯、欧盟和美国都提出过与"一带一路"相似的构想，然而远没有"一带一路"引人注目。

"一带一路"倡议打破西方金融话语垄断。现有国际金融机构（包括国际货币基金组织、世界银行和亚洲开发银行）一直掌控在美西方国家手中，它们对这些机构的垄断体现在份额、领导人岗位及资金流向等。在此情况下，中国要求提高自身份额和发展中国家份额的呼吁屡遭拒绝。而且国际货币基金组织和世界银行更愿向满足美国附加条件的国家贷款，且指定资金用途而忽视发展中国家迫切的基础设施建设需求。

中国为保障"一带一路"建设的资金供给，先后倡议成立亚洲基础设施投资银行、丝路基金。2011年11月4日，习近平主席在主持中央财经领导小组会议上首次提出这两个倡议。4天后，他在出席"加强互联互通伙伴关系"东道主对话会上宣布，中国将出资400亿美元成立丝路基金，为"一带一路"沿线国家基础设施等互联互通项目提供支持。2014年12月29日，丝路基金有限责任公司在北京注册成立。2017年5

---

① 郑伟、桑百川：《"一带一路"倡议的理论基础——基于世界市场失灵的视角》，《东北亚论坛》2017年第2期，第100—101页。

月 14 日，习近平主席在出席"一带一路"国际合作高峰论坛时宣布，中国将向丝路基金新增资金 1000 亿元人民币。

与丝路基金属于私募基金模式不同，亚投行属于政府间多边开发机构。亚投行 2016 年 1 月正式运营，有 57 个创始成员国，中国认缴资金 500 亿美元左右，占总额的 50%。2018 年 6 月，亚投行第三届理事会年会在印度孟买举行，批准新成员加入，至此亚投行的"朋友圈"已扩大至近百个。这些机构连同（金砖国家）新开发银行，均着眼于为发展中国家基础设施项目提供融资渠道和资金支持，有效缓解了国际金融机构贷款不足和资金流向垄断的问题。

七国集团中法、英、德、意这些美国传统盟友也成为亚投行创始成员国，这从侧面体现了中国在国际金融体系中话语权的提升。2010 年 12 月 15 日，IMF 理事会通过了份额和执行董事会改革方案，中国份额从当时的 4% 提升到 6.39%，投票权从 3.81% 提升至 6.07%，中国成为仅次于美日的第三大份额国。然而，美国国会直到 2015 年 12 月才最终为方案放行。2016 年 1 月 27 日，IMF 宣布 2010 年份额和治理改革方案正式生效。外媒指出，"中国发起亚洲基础设施投资银行以及欧洲盟友

2018 年 7 月 20 日，丝路基金同阿联酋迪拜水电局交换了投资迪拜光热电站项目的相关协议。迪拜光热电站是目前全球规模最大光热电站项目，丝路基金以股权方式投资该项目，有助于推动中阿双方在"一带一路"框架下的深入合作。

2016 年 10 月 1 日，人民币正式加入 SDR 货币篮子，这是人民币国际化的重要里程碑。人民币初始权重为 10.92%，紧随美元和欧元，成为其中第三大储备货币。

不顾美国反对决定加入"是很重要的推动因素 [①]。2015 年 11 月 30 日，IMF 总裁拉加德宣布人民币加入特别提款权货币篮子，并于 2016 年 10 月 1 日生效，人民币在提款权中的权重为 10.92%，这也是中国逐步打破西方话语垄断，提升现有话语权的重要体现。

"一带一路"倡议体现中国身份的变化。"一带一路"倡议实质上是中国的新型公共产品，凸显了中国从向发展中国家提供力所能及帮助，到提供公共产品的转变。2016 年二十国集团杭州峰会期间，在中国的力推下，发展议题首次纳入全球治理议程。2017 年 3 月，联合国安理会

---

① 《国际货币基金组织改革终获美国国会放行》，新华网 2015 年 12 月 21 日，转引自环球网，http://world.huanqiu.com/hot/2015-12/8223985.html，2017 年 6 月 20 日访问。

2017 年 5 月 14 日，联合国秘书长古特雷斯在"一带一路"国际合作高峰论坛开幕式上致辞。

2344 号决议明确呼吁各国推进"一带一路"建设，这些都凸显了中国在框定话语、设置治理议程方面的提升。2017 年 5 月 14 日举办的"一带一路"国际合作高峰论坛诠释了中国在全球治理中制度性话语权的提升：29 个国家的国家元首、政府首脑，130 多个国家和 70 多个国际组织的 1500 名代表与会，就连一直对"一带一路"采取冷漠态度的美国也认识到倡议的重要性，派出总统特别助理率团与会。论坛组织筹备过程充分体现了共商、共建和共享原则，凸显"一带一路"作为全球公共产品的属性。

　　总之，"一带一路"倡议以其特有理念和传播价值，以其特殊公共产品属性和相应配套资金保障，得到越来越多国家的响应和支持，显著提升了中国在全球治理中的制度性话语权。

第六章

新时代全球治理的中国行动

　　近年来全球治理发展给中国提出了众多挑战，使中国面临参与全球治理的多重压力。西方国家要求中国承担提供更多全球公共产品的责任，发展中国家对中国的发展模式和援助寄予更高期待，而中国本身存在引领、参与全球治理和实现国家治理能力与体制建设现代化的双重任务。参与全球治理和改革为中国利用全球化，实现民族复兴、国家富强、人民幸福的"中国梦"提供了有利条件和广阔渠道，也是中国国家治理能力和体系现代化不可或缺的外部因素。面对全球化快速发展的历史潮流和全球治理不断扩大、逐步深入，中国怎么办？是积极参与、推动全球治理改革，还是"爱惜羽毛，洁身自好"？如何从中国发展战略和外交全局来认识和处理全球治理及其改革？如何在推动建设新型大国关系中把全球治理问题摆进去，将其作为大国协调国际事务、合作应对全球挑战的重要渠道？中国需要认真思考、深入研讨，积极运作中国思想、智慧的全球治理战略，更深入参与新时代全球治理的变革与发展。

第一节
深入参与新时代全球治理

回顾冷战结束以来国际格局的沿革，国际主要力量对比出现了三大变化：一是美国和西方力量相对下降；二是以中国为代表的新兴大国力量上升；三是全球性问题集中出现且叠加爆发。

国际格局演变导致国际体系的改革和转型，也意味着国际关系和规范的重构，围绕国际制度和机制的互动日益频繁。今后二三十年将是国际规范重新洗牌的大变革时期。美西方国家希望维持其主导的国际政治、经济、文化格局和与之相配套的国际规范，而国际关系的实践则一定会反映新兴国家话语权不断扩大的现实。这对矛盾如何处理，或者说世界格局变革如何适应国际力量的变化，将决定 21 世纪能否建立更加公正、公平、合理的国际政治、经济新秩序。这样的国际秩序之基础，必须改变"零和、对抗"思维定式，实现习近平主席提出的"中国梦"与"世界梦"的对接；实现费孝通先生所说的"各美其美，美人之美，美美与共，天下大同"的世界和谐崇高境界。

二十国集团峰会这些年走过的风风雨雨，给我们重要的启迪：全球治理不是中国要不要参与的问题，我们已经身在其中，而是如何积极参与和引导，使之成为中国融入和改革现有国际体系和全球治理体系的重要途径。

一、增强文化吸引力是深入参与全球治理的基本功

哈佛大学教授约瑟夫·奈说，一国综合国力，既包括经济、科技、军事实力等硬实力，也包括文化、意识形态吸引力所体现的软实力，二者不可偏废。文化吸引力是软实力的核心要素。谁的文化最具吸引力，谁就能更好地在全球治理舞台上掌握话语权和主动权。

近年来中国文化交流融合步伐加快，以儒家文化为主的中国文化国际影响力不断提升，世界兴起"汉语热"。现在各国学习中文人数超过

英国伦敦春节庆典

7000万，有华文学校2万多个。以"文化中国"、华文媒体、华文学校、中餐馆、武馆、唐人街等为代表的中国文化符号已经在海外普及、扎根。6000多万海外侨胞热心中华文化的传承和传播。中国海外留学生和新移民日益增加。世界知识产权组织报告指出，中国已成为全球第一大发明专利申请国。

　　然而，尽管中国文化影响在扩大，但几百年来西方文化占主导的现实没有得到根本改变。中国文化与其他文化的交流、碰撞、融合每天都在发生，由于西方国家近几百年以来的文化强势地位，包括意识形态的攻击性，中国文化软实力在国际竞争中起步较晚，目前整体依然处于相对弱势。

　　世界历史上中国文化曾经辉煌。历史不是一条直线，随着中国经济、

孔子学院致力于适应世界各国（地区）人民对汉语学习的需要，增进世界各国（地区）人民对中国语言文化的了解，加强中国与世界各国教育文化交流合作，促进世界多元文化发展。图为俄罗斯布拉戈维申斯克国立师范大学孔子学院，俄罗斯学生展示自己的书法作品。

政治、军事力量上升，文化软实力也不断提升，中华民族的复兴、中华文化的再次辉煌从来没有像现在这样接近。中国历史文化积淀深厚、底蕴丰富，中国有强大、雄厚的政治、经济优势，关键是怎么去做，如何将硬实力的增强转化为软实力的提升。全球治理谈的是经济、金融、安全等领域的规则制订和执行，为中华文化和中国软实力的提升提供了广阔舞台和发展空间。全球治理改革深层次博弈实质上是文化软实力的较量，尤其是全球治理思想和理念的较量。哪个国家的文化功底厚，思想理念站得住脚、吸引力大，它的话语权就多，谈判的底气就足，结果必然是制度性权力的收获增多。

中国在文化上如何发挥优势，展示中华文化和东方哲学在全球治理改革中的魅力呢？

首先，要系统梳理"中国梦"、互利共赢、和谐包容、仁爱扬善等中华文化的核心思想和价值观，从大文化、大外交的角度浸润到中国的对外工作中，特别是全球治理的思想和理念中，使之成为中国文化软实力的核心内涵和精神实质。

中国传统文化中"和合""己所不欲，勿施于人"等治理思想，在全球治理思想发展中有着深刻的现实意义。运用好中国文化的核心理念，中国的全球治理战略和思想理念就具有全球普世意义，有高度和包容性。承认各国环境资源不同，经济发展模式不同，强调尊重人类文明多样性，以全球共同利益为依归的全球视野和全球关怀，这些原则都充分展示了中国文化内涵，也有利于淡化西方以意识形态划线的传统思维偏见，以更广泛地构建解决全球性问题的统一战线。

其次，文化吸引力要体现时代特征和生命力。在增加中国文化吸引力方面，除了聚焦戏剧、书法、故宫、长城等传统文化符号，更要实现中国传统文化与当今社会发展实际的融合，充分利用新媒体，创造具有当代中国风格、中国气派的特色文化。

再次，在这方面，中国广大海外侨胞是不可或缺的天然桥梁，中国要多听取他们的意见，多发挥他们在公共外交上可以发挥的独特作用，让世界顺利接受中国和平发展的理念和现实。

公共外交的概念近年才在中国提出，但通过民间外交推动中外友好的公共外交成功案例由来已久。20 世纪中期，中日关系先是增加两国民间接触和友好往来，在民间积累的成果上，推动两国关系正常化。1971 年，一次偶然事件促成中国主动邀请美国乒乓球队队员访华，"小球转动了大球"，最终促成了 1972 年尼克松访华和 1979 年中美正式建交。

如今公共外交概念已经清晰，公共外交也比以往任何时候都显得重

由中国国务院新闻办公室举办的"感知中国"系列交流活动，已成为国外公众在本国直接了解中国、感受中国、体验中国的一个重要平台。图为"2018 感知中国——中国西部文化美国行"活动中，迈阿密观众参观中国西部主题图片展。

要，它是中国文化传承和拓展影响力的重要渠道。

侨务公共外交就是通过侨务渠道开展的公共外交。华侨华人既是侨务公共外交的受体，又是主体。侨务公共外交在影响华侨华人的同时，又通过华侨华人的媒介作用，向外国政府和民众传达和介绍中国基本国情、价值观念、发展道路、内外政策等信息，讲好中国故事，以消除误解，增进了解，促进合作，从而维护和实现国家的根本利益。

当前，遍布世界各地的6000多万华侨华人兼通中外文化，具备融通中外的传播优势。公共外交的重要作用就是沟通不同文明和文化，搭建起不同国家和民众之间交流的桥梁。华侨华人的天然优势使他们能从博大精深的中华文化中选取易于被居住国民众所接受的内容，选择他们喜闻乐见的方式和途径，同时以"当事人"的角色开展"双向"公共外交。这使他们所传播的信息更有说服力、感染力。

最后，加强国际传播能力建设、扩大文化对外传播力是文化软实力的重要实现途径，然而传播力并不等同于文化输出，只有能被别人接受的传播才是有效的传播。中国国际传播能力近年有了较大提升，但国际传播中"西强我弱"的格局尚未根本改变，中国国际传播的信息落地和接受程度与期望还有很大差距。以美联社、路透社、法新社为代表的西方主流通讯社占据每日国际信息80%的流量，控制了世界90%以上的新闻信息资源。全球互联网80%以上的网络信息和95%以上的服务信息由美国的谷歌、脸谱、亚马逊等提供。欧美等西方国家仍然紧紧控制着国际舆论的主导权。

中国需要在国际传播能力建设上下大力气，转变传播理念，改进经营管理体制，加大资金投入，加强传统媒体和新媒体结合的全媒体平台建设，形成对外传播合力，打造一批具有国际影响力的跨国传媒集团，同时充分发挥遍布170多个国家的1000多家海外华文媒体"接地气"

作用，逐步缩小与西方国家在国际舆论领域的差距。讲好中国故事需要重视三个要素：一是好的故事；二是讲故事的有效平台；三是一大批能讲好中国故事的人。三者缺一不可。

二、有序稳妥地培育社会力量参与全球治理

在现代国际体系中，"非国家行为体"是指国家及其机构之外，但是对国际体系的发展变化同样产生影响，能独立参与国际事务的其他政治、经济、文化实体或行为体乃至个人。

全球治理理论涉及的"非国家行为体"主要有两种类型：成员是主权国家的政府间组织（IGO）；成员是私人和团体的非政府组织（NGO）。也有学者将非国家行为体分为私营公司行为体和非政府组织两类。其他比较细的分类方法还有许多。现在看前一种分类较为普遍。这两类非国家行为体在20世纪之前就存在，现在数目众多，遍布全球治理各个领域。随着工业化以来国际商业和通信的发展，两者数量在20世纪迅速增加。1909年，全球政府间组织有37个，非政府组织176个；到1960年，政府间组织有154个，非政府组织1255个；2006年初，它们的数量分别增加到245个和29807个。现在估计的数字是：政府间国际组织为七千多，非政府国际组织有七万多，其实真实的数字比这要大得多。截至2010年，在联合国经济和社会理事会内具备咨商地位的非政府组织有3382个，而1948年只有40个。这些"非国家行为体"数量日益增多。

海外非政府组织在中国活动最早始于19世纪后半叶，主要出现在慈善、宗教、医疗和教育等领域。20世纪80年代中国改革开放后，非政府组织大批重返中国，活动范围扩大到环保、妇女儿童权益保障、艾滋病防治和"公民社会"等领域。究竟在中国有多少海外非政府组织，

众说纷纭。清华大学研究所估计为一万个，也有智库说 6000 个左右，其中 40% 来自美国。这些非政府组织有一半是商会、行业协会等经营性组织，还有一半是慈善、公益性组织。很多没有在政府机构登记注册。截至 2012 年底，在中国设立办事处或注册的政府间国际组织有 23 个，非政府国际组织只有 3100 个。

非国家行为体广泛参与全球治理，已经引发世界政治、经济、文化结构的变革。在一些领域，传统主权国家主导的国际一元化政治结构正在向多中心、多层次的多元化网状、碎片化的政治结构转变。非政府组织正是这种多元化网状政治结构的主要单元。非政府组织其实是不太严谨、泛指的概念，大概的定义是指"社会力量按照自愿原则联合建立并提供公益的非政府的、非营利的社会组织"。在一定意义上，非政府组织体现了全球治理体系中关于多重治理的理念和价值观。非政府组织参与全球治理，是全球治理结构的制度和组织创新，为国际社会提供了"第三种机制"的选择。同时，它也使全球治理出现"你方唱罢我登场"的混乱、无序、相互竞争局面。

为适应全球化发展的趋势，各种非政府国际组织在解决全球问题中日益活跃，其作用不容忽视。这一局面已经是国际政治、经济、文化生活的既成事实。在解决全球性问题、参与全球治理中，非国家行为体，尤其是非政府组织通过建立跨国网络、参与国际会议和全球问题谈判、研究全球问题起因和解决办法、宣传和传播国际社会共同接受的规则和信念等途径，全面、深入、广泛地参与全球治理的实践，并推动全球治理理念的逐步形成和推广。

当前，非政府组织不仅积极参加全球环境保护、人道主义救助、无核化运动，还将其影响扩展到全球安全、和平、裁军、外交等传统上由主权国家主导的国际政治、经济、文化领域。总的看来，非政府组织已经与主权国家和以联合国为核心的国际组织体系建立了各种形式的联系与合作关系，成为全球治理体系中不可或缺的重要角色。在推动一些全球问题的解决上甚至发挥了关键性作用。20 世纪 80 年代开始的全球禁止杀伤性地雷运动以及后来国际社会经过艰难谈判达成的《禁雷公约》（Mine Ban Treaty），就是加拿大的非政府组织发起并全力推动才得以实现的。

最重要的非政府国际组织非总部位于瑞士日内瓦的国际红十字运动莫属。作为世界三大国际组织之一，国际红十字运动历史悠久，全称是国际红十字与红新月运动，是当今世界上最大的人道主义组织，在全球治理人道主义领域的作用无出其右。国际红十字运动致力于为受武装战乱和自然灾难影响的人们提供保护和帮助，在全球各地拥有约 1300 万

2014 年 8 月 29 日，红十字国际委员会与中国外交部在北京举行研讨会，共同纪念《1864 日内瓦公约》暨国际红十字与红新月运动 150 周年。

名十分活跃的志愿者。

国际红十字运动包括红十字国际委员会、红十字会与红新月会国际联合会及 187 个国家的红十字会与红新月会。国际红十字运动的基本理念与其他国际人道组织不同，它秉承七项基本原则：人道、公正、中立、独立、志愿服务、统一与普遍。遍布全球的接受培训和拥有技术的志愿者们代表着红十字的理念和价值。国际红十字运动具备特有的高度中立性，在救助时不因国籍、种族、宗教信仰、阶级或政治立场的不同而有任何歧视，也不会偏向敌对中的任何一方，工作中不牵扯政治因素等。这使其即使在最敏感的地区和情况下也有渠道和能力帮助最脆弱、无助的人群。

从思想起源上讲，非政府组织体现了"公民自治"的需求和愿望。从资产阶级启蒙运动开始，公民自治被认为是公民天赋的权利。资产阶级民主制度建立后，公民自治权则被确定为基本的民主权利之一。在国家统治的长期实践中，由于国家体系与公民个体天然具有的矛盾和相对性，公民自治权并没有在各国得到充分的满足。随着社会不断发展和进步，国家间在经济、安全等方面的相互依存日益加深，公民要求参与全球治理的愿望日益增强。信息技术和社会媒体快速发展使世界"变平"，变得"立体交叉"，使普通百姓的信息传播和社会动员能力大为提高，为公民自治提供了新的沟通方式和更广阔的平台，使跨国社会运动和联合自治成为可能。非政府组织的迅速发展及深入参与广泛领域的全球事务，正是满足这种需求的客观反映。从普遍意义上说，非政府组织为更全面、更真实地反映当代多元化社会中各种群体的诉求和声音提供了渠道和可能。

从全球治理架构分析，非政府组织客观上推进了全球治理过程的民主化，或者"国际关系的民主化"。非政府组织满足了公民日益增长的自治需求，而公民通过参与非政府组织成为全球治理架构的组成部分，则增强了全球治理过程的民主化。这个道理各国还是接受的。所谓国际关系的民主化，就是造就一个更加开放包容、更具广泛参与性和更少霸权的国际社会决策过程，这其中主权国家依然是中坚力量。这是中国政府近年来一直在积极推动并身体力行的。当然，我们也要高度警惕美国和西方国家利用其众多的非政府组织，在全球政治、经济、文化等领域推行它们自己的"议程"和价值观。这显然不符合国际关系民主化的宗旨和本意。

从全球治理层面看，民主化前提是行为体多元化。美国历史学家亨廷顿说："没有任何理由可以解释为什么除了国家以外，民族、离散的犹太人、宗教共同体和其他团体不应该被当作合法的行为体。"第二次世界大战以后，国际社会的行为体不断增多，从国家、政府间国际组织、政党，到跨国公司、传媒以及非政府组织的大量涌现，参与各领域全球治理的行为体日趋多样化。非政府组织日益广泛地参与国际事务，使治理过程向更加开放、更加民主的方向发展，使普通百姓得以通过非政府组织来表达自己的关切和诉求，并借助于媒体尤其是新媒体的作用，形成强大的社会和舆论压力，推动和促进全球性、地区性问题的解决。这样一种开放、包容、立体地参与全球治理的方式，使解决全球问题的思路更广、出路更多，如果把握得当，且与主权国家和政府间国际组织形成良性互动，无疑将有利于提高全球治理的能力和质量。

在西方学者眼里，非政府组织被看作全球公民社会的代表。这种思路只看到了问题的一方面，可谓"一叶障目"。由于美国和西方国家非政府组织在全球占主导地位，说非政府组织代表"全球公民社会"显得牵强附会。再者，就是在西方社会，非政府组织也不能完全代表公民社会，只能说是公民社会的一个代表或部分代表。在这个基础上，我们才可以

说，一个活跃的、多元的公民社会对推进全球治理的民主化具有重要的
"补充作用"。公民社会组织广泛参与全球治理，可以弥补主权国家和
政府间国际组织能力和覆盖面不足，并促进国家体系、政府间国际组织
体系与全球公民社会在一些领域的合作和相互了解。非政府组织在其中
实际上起着桥梁作用，为广大民众通过各种渠道参与全球治理提供了平
台和可能，也在全球治理的实践中培育了各国民众对全球治理的参与意
识。从这个意义上说，大量民众自发组成的大大小小的组织在不同领域、
不同程度地参与国际事务的治理、国际问题的解决，事实上促进了全球
治理的民主化。

　　非政府组织的大量涌现是近代才发生的事情，它说明了社会功能的

博鳌亚洲论坛于 2001 年正式成立，目前已成为亚洲以及其他大洲有关国家政府、工商界和学术界
领袖就亚洲以及全球重要事务进行对话的高层次平台。中国海南博鳌为论坛总部的永久所在地。图
为博鳌亚洲论坛 2018 年年会。

健康发育和不断扩展，促进了民主原则在国际层面的发展，并推动了国际决策的民主化进程，从而提高了全球治理的合法性和有效性。令人遗憾的是，由于历史原因，在发展非政府组织方面，无论是数目还是能量，发展中国家都远远落在发达国家的后面。然而换个角度思考的话，这未必是件坏事。全球化的快速发展恰恰给发展中国家提供了一个历史性机遇，可以在培育和发展非政府组织方面发挥后发优势，实现跨越式的发展。这一领域的话语权别人不会主动让渡，只有迎头赶上，自己建立和培育一大批能替发展中国家说话、有全球影响力的非政府组织。对一些相对中性的非政府国际组织，发展中国家可以更积极地参与其中，如世界自然保护联盟、国际红十字运动、世界经济论坛等等，以学习国际上主要非政府组织的运作和架构，并通过这些组织的人脉网络传播信息、施加影响。

无论如何，一个国际权力更加公平分配、合理分散、更有适应能力的世界，将有助于建立发展中国家不断为之奋斗的更加和平、公正、有效率、更有能力管理人类社会越来越多、彼此交织问题的国际政治、经济新秩序。

中国要以新的眼光、用自己的话语体系来重新界定非政府组织的概念和核心理念。任何盲目排斥非政府组织，把自己关在屋子里的鸵鸟政策只会对西方有利，实际上也行不通。通过全球治理体系改革和转型来倡导新的价值观和行动规范，是中国和广大发展中国家在全球治理中的当务之急。在2008年国际金融危机的冲击下，西方占主导地位的全球治理体系漏洞百出，问题成堆，信誉扫地。现在出现的机会可以说是百年不遇的"战略机遇"，发展中国家必须紧紧抓住，更多地培育自己的非政府组织，深入参与全球治理，以在全球治理领域争取更多话语权。

全球治理的有效性还取决于，这一持续不断的过程是否建立在公正、合理的全球性制度安排上，而这种全球性制度安排的建立是各国和各行为体互动的产物。全球治理本质上需要在多元行为体相互妥协、共同接受的规范体系下才能有效运行。这就需要建立一种实现人类命运共同体的人类共同价值规则体系来支撑。而规则体系的形成，尤其是一个新的规则体系的形成，源于某种价值观和规范性的选择，并通过国际合作来内化为制度安排。这需要一个长期的磨合和"去伪存真"的过程。

非政府组织一直积极参与国际规则的制定，努力建立自己的话语体系、价值标准和行动规范，以影响全球治理规则的形成。非政府组织较少受国家主权的约束，一般来讲较少受自我利益的驱动，而是出于全人类利益的责任感和事业心去致力于解决某一类全球性问题。它们不断地向国际社会提出新的思想、专业性知识和实践经验，是国际上许多新思维的倡导者和推动者。著名的"可持续发展"思想当初就是由非政府组织提出并推广、传播的，如今已在全球形成广泛的共识。"可持续发展"思想作为新时代的环境观、价值观和发展观，已逐步融入全球的政治、经济、文化、教育及社会生活等各个领域。

非政府组织组成的国际体系是在国家体系以外，为影响全球公民个人和集体的思想而进行的跨国性运动。由于非政府组织广泛的社会运动所产生的公众效应，它深刻地影响着人们的行为方式和思维取向，推广、传播了许多新的价值观和行为规范。不少非政府组织本身就是为了推动特定规范性议程而兴起的。这些组织致力于形成为公共事务构建行为规范的制度。通过跨国运动，非政府组织说服国际社会采纳某些特别的政策，制定新的规则和原则。可以说，非政府组织为各类行为体利用物质和思想的资源来促使制度转型提供了公共空间。

非政府组织还提供了网络合作机制。它们采取非集中领导的垂直等级式体制，组织成员平等、自愿地结合在一起。组织的活动是通过民主、

世界经济论坛新领军者年会于 2007 年开始每年在中国大连举办，因其与每年年初在瑞士达沃斯举办的世界经济论坛年会相辅相成，所以也被称为"夏季达沃斯论坛"。图为 2017 年 6 月 28 日，中国国务院总理李克强同出席 2017 年夏季达沃斯论坛的国际工商企业界代表举行对话会。

非强制的方式去开展的，管理方式是网络式、分散化管理。跨国非政府组织之间的联合也是采取这一合作机制。实际上它们是一个多维的合作网络，通过网络平等协商、谈判，寻求妥协，在考虑各方价值和利益的基础上，实现公共利益最大化。它们为全球治理提供了网络合作机制的治理范式，并努力通过公民运动促使这一机制形成全球治理的一种制度性安排。

当前，以非政府组织为代表的"第三股力量"在全球治理中异军突起。从军控裁军、人道援助到环境生态及动物保护，从消除贫困到公共卫生服务，它们活跃在全球治理各个领域。

目前在全球治理舞台上中国的非政府组织不多。这不仅影响中国国家形象，亦使中国在全球治理中缺少重要的能代表广大民众声音的渠道。中国非政府组织的匮乏与传统观念不无关系。这一状况近年来已经有很大改变，充分反映了中国特色社会主义新时代中国积极参与全球治理的决心和能力。

无论从参与全球治理还是从构建新时代和谐社会的角度看，中国都需要从自身实际出发，加强与达沃斯世界经济论坛等影响较大、政治中性的全球非政府组织的联系与合作，并有序、稳妥地加强引导，努力培育一批能够在全球治理各领域发挥实效乃至具有世界影响力的中国自己的非政府组织。全球治理实践的发展和国际权力分散的客观实际，要求中国从改革整体外交机制的高度，来看待和运筹非政府组织问题。可借鉴国际惯例，根据中国特点，先培养扶持一些重点领域的非政府组织和志愿者团体，在方兴未艾的公共外交框架内让它们充分发挥作用。

目前，中国的非政府组织发展方兴未艾，迎来了全面发展的新时代。博鳌亚洲论坛、国际山地旅游联盟、世界旅游城市联合会、欧美同学会等都已经在国际上有一定的影响。

非政府组织不应该也不可能改变主权国家在全球治理中的根本性、主体性地位，而且非政府组织本身存在着很大的局限性。迄今世界上的许多非政府组织基本上以西方社会人士为主体，难免带有强烈的西方价值观和意识形态色彩。非政府组织在资金上依赖本国政府、政府间组织和捐款，资金来源很大程度上决定了其政治取向。不少西方国家的非政府组织及其资助的非西方国家的非政府组织，经常以西方意识形态和政治模式为范本，被西方国家用来干涉他国内政，将全球治理政治化，成为西方国家经贸、安全等一系列政策的触角和延伸，甚至直接参与、插手和推动别国的"政权更迭"，从事"颜色革命"或"和平演变"等，充当十分不光彩的角色。自诩以维护人权为己任的"人权观察组织"就

欧美同学会由中国留学海外各国的归国同学自愿组成，图为 2017 年 9 月，欧美同学会第六届年会暨海归创新创业郑州峰会举行人才科技项目签约仪式。

是这样的组织，它将西方的人权标准作为衡量发展中国家人权问题的唯一标准，将人权政治化、意识形态化。对这样的非政府组织，中国必须保持高度警惕，并予以严格约束和充分揭露。

值得注意的是，非政府组织深入参与全球治理，总体上代表了国际政治变革和民主化客观大趋势，反映了现代国际社会多元化和多层化的特点。相信随着国际社会的发展和全球公民素质的提高，非政府组织等非国家行为体将更好地彰显在全球治理中的积极作用。

三、与他国携手合作共同应对全球挑战

全球性挑战需要全球性解决办法和全球力量广泛参与。同时，全球治理的多元化、碎片化、无序化等特征，使有效汇集各方力量进行全球治理面临重重困难。

全球治理从理论上讲，是各国政府、国际组织、各国人民为增加共同利益而进行的民主协商和合作，以推动建立维护人类安全、和平与发展的国际政治、经济秩序，包括制定处理国际政治、经济、社会、文化等问题的全球性规则和制度。

主权国家、国际组织、非政府组织、企业和个人等众多参与者的治理能力与诉求各不相同。主权国家作为全球治理中最重要的行为主体，其独特地位不容置疑。主权国家优先考虑的是如何保持自身统治、捍卫国家主权、维护国家核心利益。客观地讲，国际组织和非政府组织大多致力于实现全球和平、共同发展、保护环境以及防止核武器扩散等目的。追求盈利和谋取利润最大化，则是跨国公司和企业的目标。不同目标的利益驱动对全球治理提出了不同要求，需要参与主体进行多层面、立体交叉式的利益对话与协调。因此，面临全球挑战，要取得一致意见，采取一致行动，难度可想而知。

信息技术革命特别是移动互联网的井喷式发展，强化了世界从垂直向扁平，又向立体交叉发展的全球化大趋势，也推动了全球"公民社会"的勃兴。"公民社会"本身无可厚非，但近年来被西方国家改头换面，用以对付和欺负弱小国家，似乎西方国家是强调人民当家做主的，而其他国家因为"公民社会"不发达就不"民主"、缺乏全球治理的基础力量。这种说法在世界上流传甚广，经常让发展中国家在国际场合，特别是人权、人道主义领域抬不起头来。其实这里有很大的误区和欺骗性。我们不能落入西方国家的"话语陷阱"，要坚决、积极地推进和构建自己的话语体系。公民社会无非就是人民以不同方式组织起来表达自己的利益诉求，也就是中国人常说的，人民当家做主。公民社会并非西方国家"专利"，也并非只有西方国家所界定的组织形式。这一点一定要在国际上说清楚、讲明白。

　　发展中国家欠缺的是相对成熟、能在国际舞台发挥作用的非政府组织。由于现存国际体系是西方国家在二战后建立的，西方非政府组织发育早、力量强、声音大。要改变这一局面需要时间，也需要发展中国家集体的力量。国际社会中公民社会的发展，客观上有利于汇集来自五湖四海的才智，提高国际社会应对各种挑战的能力，但也会挑战主权国家的权威、国际社会惯用的思维和行事方式。机遇与挑战并存。一个个身份难辨、貌似松散的"新意见阶层""意见领袖"参与全球治理，增加了全球治理主体的庞杂性与全球治理声音的复杂性，"全球舞台拥有的权威场域及其操纵体制越多元、密集，它们中的任何个体或联盟就越难以主导事件进程"。

　　习近平主席多次强调，世界是利益共同体，我们需要建设人类命运共同体。"地球村"越来越小，相互依存越来越深。从人类命运共同体的基本理念出发，中国需要在坚持多边主义、平等协商、合作共赢的原则下，充分发挥负责任大国的"正能量"。中国提出的"国际关系民主化"

2014年11月10日，中国国家主席习近平和夫人彭丽媛在北京为出席亚太经合组织第二十二次领导人非正式会议的各经济体领导人及配偶举行欢迎晚宴。图为晚宴前，习近平和夫人彭丽媛与各经济体领导人及配偶集体合影。

与现在"全球治理民主化"理念类似，有相通之处。前者强调的是，根据《联合国宪章》宗旨和原则，国家无论大小、强弱，一律平等，国际事务不能一家或几家说了算。后者是指在处理和解决全球问题时，必须落实民主化原则。因此，无论是全球治理理论还是实践，无论是多哈回合谈判还是区域自贸区建设，无论是网络空间国际规则制定还是外空的和平利用，无论是海底探索还是极地开发，中国都需要全身心地投入各领域全球治理及其改革，提出全球治理的新思想、新方案，改革完善全球治理体制机制，与其他国家加强协调，通过联合国体系、二十国集团、金砖国家机制、亚太经济合作组织、上海合作组织等公认的全球治理平台，努力推动建立更加公平、公正、平等、包容、开放的新型全球伙伴关系网络，共同应对全球挑战，建设更加美好的世界。

（一）全球治理应成为中美两国的共同追求

中美两个大国在稳妥处理双边关系的同时，可以通过在全球治理中的合作、协调，推动构建人类命运共同体，跳出大国力量消长时可能出现的"修昔底德陷阱"，走出一条前无古人、后启来者的共同和平发展之路，探索大国和平相处、和平竞争之道，其重要性对大国和世界来说均不言而喻。两国共同追求并推进公正、公平、合理的全球治理体系建设，不仅体现了两国立足长远的历史前瞻、兼济天下的宽广胸怀，更体现了双方坚持走和平发展道路的决心和维护大国关系稳定健康发展的自觉。建立新型大国关系的关键不仅仅是运筹好中美关系，更在于一个符合全人类利益的全球治理体系能顺利建设并向前推进。

美国作为现行国际政治、经济、金融、文化、科技秩序的主要构建、主导者，将长期保持全球治理的重要制度性权力和全球影响力。中国主动提出构建"不冲突不对抗、相互尊重、合作共赢"的中美新型大国关系，

2016 年 6 月，第八轮中美战略与经济对话在北京举行。

倡导中美在全球治理中加强合作与协调，实现互利共赢，其战略意义对中美两国都十分重大，既有利于维护中国和平发展的国际环境，也有利于美国的长远利益，将为美国坚持积极、合作、务实的对华政策取向创造条件。

现在的问题：一是中美地缘战略矛盾加深，美国锁定中国为其"主要战略竞争对手"，从军事、安全、经济、文化、科技等诸方面进行挤压和"围堵"。虽然中国坚持开放、坚持走和平发展的道路，但"一个巴掌拍不响"，用英文讲是"It takes two to tango"，中国的良好意愿需要美国的响应和相向而行；二是随着中国在现有国际体系内快速发展形成的实力增强，使美国患上了严重的"战略焦虑症"，对中国这样一个非西方意识形态的大国通过和平发展将成为世界强国、GDP 可能超过美国，非常"不适应"，认为美国过去将中国纳入其创立的国际体系就可

2017 年 11 月 9 日，中国国家主席习近平在北京人民大会堂同来华进行国事访问的美国总统特朗普共同出席中美企业家对话会闭幕式。

以改变中国发展方向和政治制度的战略彻底失败了，美国对华政策由此迷失了方向，再次陷入对华政策"大辩论"，而且这次很可能作出错误的选择；三是美国受特朗普"美国第一"的民粹主义和狭隘民族主义的影响，在全球治理提供全球公共产品方面往后退缩，孤立主义思想上升，对美国的贸易伙伴包括中国施压，甚至不惜发动贸易战，以追求美国的短期利益。这与世界多极化、经济全球化的大趋势是相悖的，遭到世界各国包括美国盟友的反对。全球治理"失序"和"碎片化"更加严重。世界更加混乱、动荡。

因此，中美加强互动、磋商、谈判，充分沟通各自的战略思路和做法，以期形成双方共存共荣、相向而行的对华 / 对美政策框架，并在全球治理中形成"共商、共建、共享"的基本共识，时不我待。

推动中美加强全球治理建设具体化、系统化，支持两国官方学界共同开展研讨，形成实实在在的政策建议和具体措施。重点放在中美两国都看重的亚太地区和资源能源、气候变化、粮食安全等十分紧迫的全球性问题上。

亚太是中美两国利益碰撞、交融的关键地区，更是中国的周边。美国在区域影响力和战略资源动员能力上，全球无出其右者。对中国而言，周边顺，则全局畅。中国的战略利益和战略安全环境主要在周边。中美应该加强亚太事务对话，共同支持和参与亚太各国在经济、金融、基础设施等领域的互联互通，同时有效管控分歧和矛盾，防止可能发生的冲突和摩擦，把两国在亚太地区实现良性互动作为构建中美新型大国关系的"特区"和重点，先行先试，不断累积中美关系的"正能量"。

中美两国存在意识形态、社会制度、地缘政治等结构性、战略性矛盾，但是中美在涉及全球政治、经济治理和寻求解决全球性问题中，共同利益远远大于分歧。中美都希望未来的世界能够维持长期和平与稳定，各国在和平环境里共同创造人类的繁荣发展。全球治理就是要为实现这一目标建立一系列相应的国际机制、制度、规则、范畴，从而建立公平、公正、合理的国际秩序。国家政策受利益驱动，人类的共同利益和共同命运理应驱动中美在全球性问题上加强协商与合作。

那么共同利益主要在哪里？当今的中美关系相互交织、融合，矛盾与合作几乎都与地区和全球问题相关，两国彼此政策指向皆会产生全球性影响。因此，中美关系在一定程度上要跳出中美双边视野的框框，放眼全球，加强协调与合作。新的全球治理体系建设为中美合作开辟了广阔空间和"肥沃的试验田"。作为世界上最大的发展中国家和发达国家，作为推动全球治理的主要力量，中美亟须在新一轮世界秩序重构中加强沟通、协调、交流与合作，梳理彼此共同利益，探索和谐相处的关系稳定之道，通过共同参与、引领21世纪上半期的全球治理改革，真正构建相互理解、相互信任、相互尊重、互利共赢，对双方都具舒适度的相处模式，维护和促进世界的和平、发展与繁荣。

诚然美国国内对华政策大辩论不会停止，美国对华政策经常左右摇摆，但有识之士应该认识到，在全球治理方面进行深入、全面的协商与合作，不仅是中美建立相互信任的基础，也是两国作为世界大国与其他大国一起对国际社会应尽的责任。中美无论奉行什么样的国内外政策、对全球性问题采取什么样的态度，不管本意如何，因为两国"块头大"，其结果都不只是影响本国和对方的利益，必将涉及地区和全球的利益。这就是两国的全球影响力。

布热津斯基曾撰文表示，美国已接受了中国实力崛起的事实，鉴于

2016 年 3 月 19 日，在"中国发展高层论坛 2016"经济峰会上，93 岁的美国前国务卿、中美建交的开拓者基辛格表示，美中两国需要在一些问题的中间地带找到合作领域，共同探讨应对全球挑战的战略，共同治理国际秩序。

中美都将面临的全球问题，两国合作对彼此更有利。从现实情况看，中美在许多问题上可以进行积极的合作和配合：朝鲜核问题、伊朗核问题、中东的以色列—巴勒斯坦冲突、埃及和叙利亚等国的乱局等，都离不开两国在联合国安理会和地区的积极斡旋、磋商。建立东北亚地区安全格局，中美又都是重要的参与力量。现在朝鲜半岛核问题出现一些转机，中美更应加强沟通与合作，共同寻求半岛核、安全问题的综合解决方案。在反恐、防止核扩散、反贫困、气候变化、能源安全等重大全球性问题上，中美两国同样需要对话、合作。面对经济衰退，促进经济增长和创造就业是美国政府的首要任务，这同样依赖中美宏观经济政策和贸易投资的协调，要避免政治干扰经济合作。

美国新保守主义派的声音不能忽视，他们依然坚持陈旧的冷战思维，认为守成大国与崛起大国不可能和平共存和竞争，中国不可能和平崛起，甚至预计美中将展开激烈的安全竞争，存在爆发战争的可能性。这些思想和言论一直影响着美国对华政策和军事战略。美国的亚洲"再平衡"战略和所谓"海空一体化"计划就有这样的痕迹。美国需要摒弃以上述"进攻性现实主义"为思想基础的新保守主义倾向，客观务实地看待中国的发展，避免陷入大国战略博弈的"修昔底德陷阱"。我们相信，随着中美在全球利益的逐步趋同，在全球性问题上共同关切的增加，历史终会证明，"合作是唯一选项"，只有携手合作才有可能创造两国的美好未来。

在新的历史时期，解决中美关系中的新老难题无疑需要新的视野和思维，"最终还需要在权衡国家发展战略、合理界定核心利益、保持中美关系斗而不破之间谋取平衡"。习近平主席指出，中美关系是当今世界最重要、最富活力和最具潜力的双边关系之一。时代呼唤中美要有海纳百川的胸怀。

2018 年 7 月 16 日，中国国务院总理李克强在北京人民大会堂同欧洲理事会主席图斯克、欧盟委员会主席容克共同主持第二十次中国欧盟领导人会晤。

（二）全球治理需要中国与欧洲和其他国家的合作

中国与欧洲开展全面合作面临重要战略机遇。中国应将欧洲作为推动和建立新型大国关系的重要进取方向。要抓住欧洲当前既想深化与中国合作，又有所顾忌的复杂心态，以经济、金融合作促政治、人文交流，探讨更大规模、更高水平的利益置换，全方位拓展与欧洲的合作，把 16+1 合作塑造成中欧新型大国关系互利共赢的典范，消除欧盟对中国的疑虑，使欧洲成为建设新型大国关系、打造丝绸之路经济带的重要合作伙伴。

中国人民大学王义桅教授指出，中国与欧洲合作有三大机遇：一是文明转型机遇，欧洲作为工业革命发源地和海洋文明开拓者，对向工业化、信息化、城镇化迈进的中国来说，有许多宝贵的经验和先进理念值得学习、借鉴。尤其是欧洲在全球治理方面的理论和实践，对具有"全球身份"的中国不无益处。新一轮"西学东渐"会在全球治理合作中凸显生命力。

二是习近平主席提出的中国国家治理体系和能力建设现代化。中国与欧洲历史与文化接近，文明底蕴深厚，中国模式与欧洲模式有相通之处，相互借鉴可造福双方，丰富世界发展模式多样化。

三是高标准全球化的机遇。美国在世界霸权地位上，对欧洲既利用又打压，借助欧洲巩固美国的军事同盟，掌控欧洲乃至欧亚大陆的安全，同时利用欧洲挤压俄罗斯战略空间，并排挤中国进入欧洲。但是美欧并非铁板一块，譬如欧元始终面临美国压力，需要"两面下注"对冲美元霸权风险。中欧就《服务贸易协定》及人民币国际化进行合作，双方各有所需，中国要推进"一带一路"倡议、促进世界经济发展、牵制美国"亚

2018 年 6 月 1 日，中国外交部长王毅在布鲁塞尔同欧盟外交与安全政策高级代表莫盖里尼共同主持第八轮中欧高级别战略对话。图为会后两人共同会见记者。

太再平衡"都需要加强与欧洲的合作。全面落实《中欧合作2020战略规划》的地缘政治和地缘经济，意义也在于此。

今天的中国与其他大国共同屹立于世界舞台的中心，中国与世界的关系发生了历史性变化。无论是从大国责任出发，还是从创造更宽松的外部环境和更舒适的发展空间看，中国都须直面全球治理改革带来的严峻现实挑战。中国在习近平新时代中国特色社会主义思想指引下，坚持和平发展互利共赢、坚持改革开放，需要积极、主动、广泛、深入地参与到全球治理新的历史进程中。中国要立足建设人类命运共同体的新视角，倡导同舟共济、合作共赢的新理念，紧紧抓住世界金融危机以来国际力量对比向有利于中国发展的历史机遇，矢志前行、奋发有为，扫清现有全球治理体系中于中国不利的种种障碍，逐步成为全球治理思想与实践的楷模，更好地把握并延长发展战略机遇，尽早实现中华民族伟大复兴的"中国梦"。

（三）以金砖国家机制和上海合作组织为抓手引领中国与发展中国家的全球治理合作

现今，发展中国家和新兴大国已成为全球治理的生力军，而以新兴大国为基础的金砖国家机制则是全球治理的排头兵和先锋队。金砖国家机制是在发展中国家群体性崛起的大背景下成长壮大起来的，金砖国家又都是重要的发展中国家和新兴大国，因此，金砖各国的社会经济发展目标有很多近似和共通之处，对许多国际议题立场相近、观点相似，对改革现有国际政治、经济体制，建立更为公平、均衡的全球治理体系存有共同的愿望和要求。

上海合作组织是中国深入参与全球治理、创新全球治理思想和做法，倡导合作共赢的区域合作新模式的成功典型，也是中国推进"一

2017年9月4日，金砖国家领导人第九次会晤在厦门举行。图为会晤开始前，中国国家主席习近平与巴西总统特梅尔（左一）、俄罗斯总统普京（左二）、印度总理莫迪（右一）、南非总统祖马（右二）合影。

带一路"倡议的有效载体，在亚欧大陆地缘政治、经济格局中发挥着中流砥柱作用。

习近平主席指出，上合组织树立了合作共赢的新型国际关系典范。在《上海合作组织宪章》和《上海合作组织成员国长期睦邻友好合作条约》的宗旨和原则指引下，上合组织已成为富有凝聚力、向心力的新型国际合作组织，为建设合作共赢、互利多赢的新型国际关系树立了榜样；同时也成为中国主场外交、周边外交和多边外交的重要舞台，是中国继续深入参与全球治理、建设新型国际关系不可或缺的窗口。

自20世纪70年代以来，尽管南南合作的必要性和重要性不断被强调，却难以取得实质性进展。在南南合作复杂曲折进程中，西方一直利用发展中国家之间存在分歧差异或是相左意见、习惯各自为战的特点，采取分而治之的策略。而近年来金砖机制和上合组织的成功实践表明，只要各国有意愿、有决心，以合作共赢、互利互助为基础的区域治理、

2018 年 6 月 10 日，上海合作组织成员国元首理事会第十八次会议在青岛举行。

全球治理一定能够取得实实在在的成绩，给参与国家人民带来参与感、获得感、幸福感。中国将坚定不移地对外开放，做大区域合作的"蛋糕"，建立互利合作的区域安全架构，为全球治理提供新思想、新方案。

金融危机以来全球治理体系的发展脉络也突出说明，在当今世界格局之中，人类面临的全球性挑战的威胁性质、主要矛盾以及应对挑战的思想思路、运作方式等都发生了重要变化，旧有治理体系已不能适应新时代形势发展，进行全球治理制度规范和体制机制改革势在必行。尽管西方主导全球治理体系的态势还会持续一段时间，但是西方大国完全垄断、主宰全球治理的时代，即"美国治下的和平"和"西方治理"已成往事，新兴大国和发展中国家参与全球治理已成为不争事实，也是无法逆转的历史潮流。在全球治理体系的转制过程中，新兴国家的利益和声音必然会反映在国际制度改革和创建之中，但守成大国等西方国家在全球治理体系改革中，也必然极力维护其既得权益和优势地位，未来世界秩序的走向将取决于原有大国与新兴大国在国际制度领域合作的成败。

作为发展中大国，中国坚定不移地站在发展中国家一边，通过金砖国家机制和上海合作组织等平台为发展中国家争取更多的合法权益和实际权力。中国外交顶层设计的筹谋布阵中，历来就有"发展中国家是基础"的传统安排。因此，巩固和发展同发展中国家的关系，不仅是中国对外政策布局的出发点，也是中国对外战略的落脚点。中国将金砖国家和上合组织合作机制视为"南南合作"的有效渠道，把金砖国家组织定位为中国推进与发展中国家合作的桥头堡。在地区和国际热点问题上，中国通过金砖国家和上合组织等，反对霸权主义和形形色色的新干涉主义，推动国际关系民主化和发展模式多样化。

2014年7月，在巴西福塔莱萨举行的第六届金砖国家峰会决定成立金砖国家开发银行和金砖应急储备基金，将往届南非和印度峰会期间五国达成的共识性意向变成时效性的制度安排。从经济领域金砖国家两大新机构的功能定位看，新开发银行的技术职能大体上相当于世界银行，将为发展中国家提供长期发展援助资金；而应急基金储备库的专业机能则与国际货币基金组织类似，为金砖国家和其他发展中国家应对金融突发事件提供经济稳定基金。中国在新开发银行中，采取了与传统的全球治理和国际金融机构不同的方式，没有一票否决性的大国特权，也没有实力加权分配的份额决策。在出资额度和股权比例的安排上，新开发银行没有采取以经济规模为主要参考指标分配出资额和股权比，而是以均摊为基本出发点来设置出资比例，并以此分配有关国家在新开发银行的权力。

强调金砖国家和上合组织合作对中国的重要意义，并非意味着中国要"另起炉灶"，在现有国际体系之外另建一套新治理体系。中国既不是从现有全球治理体系中退出，也不是建立新的全球治理体系，而是通过金砖和上合平台，巩固和提升广大发展中国家的团结与合作，共同推动全球治理体系向着更加公正、公平、合理的方向发展。

（四）注重发掘、善加利用中等强国对全球治理的重要价值

中等强国是指实力介于大国和小国之间、具有中等力量的国家。它们不具有大国的国力条件和影响力，但在国际社会特别是所在地区发挥着不同于小国的作用。当前，中等强国主要包括韩国、加拿大、澳大利亚、墨西哥、西班牙、土耳其、伊朗、印度尼西亚、南非、阿根廷、埃及、沙特阿拉伯等。中等强国能够在所参加的国际活动领域采取相对独立的外交政策，能为自己开辟符合本国国情的专门领域和折冲空间。但在以民族国家为主要行为体的国际社会中，大国作为具有关键性影响的核心，是决定全球治理体系演进、变迁的基础因素。而中等强国因不具备媲美大国的超众实力，无法拥有压倒性的国际影响和制度优势，故此长期处于被忽略轻视的边缘状态。

21世纪以来，依托新兴国家群体性崛起的有利态势，中等强国日益成为影响全球治理体系的重要力量。由于此轮新兴国家是以"集群、组团"方式崛起，各国基于综合实力强弱和发展速度快慢差异，出现梯次性、位阶性分化，并逐步形成以新兴大国为龙头的第一梯队，以新兴中等强国为基体的第二梯队，以其余新兴经济体为后备的第三梯队。其中，由墨西哥、韩国、土耳其、印度尼西亚、阿根廷、沙特阿拉伯等领衔的第二梯队中等强国，背靠新兴国家群组式崛起的有利形势，使中等强国群体规模不断扩张、实力持续增强。这些增长强劲、各具特色的新兴中等强国和西方发达国家里的加拿大、澳大利亚、西班牙等中等强国，共同构成当今国际社会的"中产"阶层，成为推动国际权力结构向扁平化发展的"主力军"之一。

虽然新兴中等强国不具备比肩四个新兴大国的显要地位和经济增长贡献率，但这些规模略小仍具相当实力、潜力巨大、在各自所属地区掌控一定影响的中等强国，借助新兴国家崛起推动中等强国数量增多和来源扩大的独特机遇，不仅提升新兴国家整体实力的规模厚度，还赋予中等强国更大的活动空间和梯度纵深，从而为国际政治天平向非大国一端倾斜添加厚重的砝码。

当前，中等强国一定程度上已成为决定全球治理体系发展方向的关键因素。如在联合国安理会改革问题上，由韩国、墨西哥、巴基斯坦、阿根廷等中等强国挑头的"团结谋共识"运动，成为打破"四国联盟"（日本、德国、印度、巴西）希冀以抱团捆绑方式单方面强行获取安理会常任理事国席位图谋的先驱力量。在国际金融危机后跃升为全球治理首要平台的二十国集团中，除包括当今世界所有的守成大国和新兴大国外，还增加了澳大利亚、墨西哥、韩国、土耳其、印尼、阿根廷、沙特等中等强国。

中等强国利用二十国集团的有利氛围，直接与大国一起介入国际制度和治理功能的顶层设计，由全球制度新规范、新理念的被动接受者转变成为策划和倡导者，改变了以往全球治理体系创建和调整由大国垄断、把持的陈旧模式。中等强国借力二十国集团机制，在国际事务中获得更多的参与权和决策权，并在法理上享有与大国对等平齐的投票权和表决权，平等参与全球治理体系的重构，晋升为在会议桌前拥有席位的"局内人"，开启从游戏规则的遵从者向制定者身份的转变。

二十国集团作为决定未来国际秩序走向的中坚力量之一，其内部大致分属三类阵营：七国集团、金砖国家以及中等强国。G20 目前成功的关键是建立三类国家间的有机联系，形成协同发展的局面。其中，七国集团代表西方守成大国势力，金砖国家主要由新兴大国组成，而中等强国作为独立于两大阵营之外的"中间地带",其战略价值自然引起两大群体的重视,成为争取、联合的对象。

同时,中等强国认识到自身潜藏的巨大能量,也在依托二十国集团机制平台效应,在大国博弈权力缝隙寻求更大的转圜和腾挪空间。2013年9月,在联合国大会期间,由韩国牵头联合墨西哥、印度尼西亚、土耳其、澳大利亚四国建立五国外长定期会晤机制(MIKTA),宣告"中等强国合作体"机制的诞生。2014年4月,五国外长再度聚首,一致认为中等强国合作体将为全球治理提供鲜活动力,并进一步明确以此机制为平台继续深化合作、强化协调。中等强国合作体的建立打破了国际多边机制不是发达国家就是发展中国家的两分界线,而且在G20机制内中等强国作为内聚统合整体,发挥着独立于G7西方发达国家和以金砖国家为代表的发展中国家的第三极作用。基于中等强国群体影响力上升的现实,欧美国家开始通过吸收中等强国的力量来充实、补强自身日益衰退的影响力。

因为乌克兰危机导致俄美和俄欧关系紧张,俄罗斯已被排除出八国集团。西方专家建议七国集团吸收韩国、澳大利亚两个中等强国,加欧盟组成"民主十国"。新兴大国同样重视增强同中等强国的合作,金砖四国就是在吸收中等强国南非后建立金砖国家组织的,新兴大国集团在努力糅进、注入更多中等强国元素,印尼、墨西哥、土耳其、阿根廷、埃及等都是被看好的"第六块金砖"。

虽然目前中等强国在全球治理体系中的作用凸显,但由于中等强国在组织化、机制化方面比大国落后,尚未能将散落于中等强国的利益诉求转化成明晰统一的意见表达和政策主张,再加上这些国家国情各异、理念有别,尚难成为内聚力强的政治实体,其整体性和独特性作用未充分发挥。中等强国希望同大国打交道时,能保持自身尊严和行动自由,仍有很长路要走。

总的来说，中等强国开展合作的潜力大、前景光明，因为中等强国已经意识到受困于国家实力限制，任何单个国家都难以把自己的意志直接转换成国际制度的议事规则，只有获得其他"志同道合"国家的帮扶支持，共同进退，才能做到有尊严地同大国进行实质有效的"讨价还价"。

从中国外交"大国是关键、周边是首要、发展中国家是基础、多边是舞台"既有布局看，尚缺少对中等强国这类群体的战略考量。由于中等强国群体推动国际格局变迁和全球治理体系转型的能力提升，中国需要思考在全球治理中，给予中等强国恰当的战略定位，积极利用中等强国的战略资源，进一步丰富中国外交的布局结构，优化外交力量的集约运用。中国通过挖掘中等强国在全球治理中的独特战略地位意义和价值，将中等强国元素巧妙糅入到全球治理的统筹谋划之中，实现新时代中国大国外交和中等强国特征的交融互嵌，达到合理运筹、高效调配中国参与全球治理资源分布的目标。

第一，以中等强国为战略支点推动区域型、小多边机制网络建设。中等强国有较强的地区影响力，可以起到示范和带动作用，中国通过与中等强国发展双边关系撬动与其他关联国家的互动，以"中国＋中等强国＋X"模式构建大、中、小高低混搭的区域治理机制，与现有区域性多边组织形成既相互分工，又彼此衔接的系统性多边网状谱系。

比如，在阿富汗国内面临安全、经济等严重困难的情况下，中国联手巴基斯坦启动后北约时代阿富汗问题交流磋商的中—巴—阿次区域三边对话机制，便是对上述治理模式的生动诠释和直观佐证。由于自然天赋决定中等强国更适合在所居的次区域施展拳脚，影响和引导局部辖区内政治、经济事务走向的组织动员能力也更加突出，能够在塑造、改变地区事务中起到"不对称"作用。同时，中等强国希望把自身主张转变

2017 年 12 月 26 日，首次中国—阿富汗—巴基斯坦三方外长对话在北京举行。三方同意，以"政治互信与和解""发展合作与联通""安全合作与反恐"为三大主题，共同努力推进三方合作。

成现实的国家利益，也需要中国的支持和理解，从而给两者对话合作提供了机会。以中国和中等强国良好的双边伙伴关系为先导，衍生成以此为基石的小范围区域合作治理平台，可以发挥中等强国在不同片区圈层中的提领和杠杆特性，以点连线、串线成片、由片及面，不仅有利于丰富中国全球和区域治理的结构搭配和合作内容，也有助于优化外交资源在集中和离散区间内的调动配置，抬升全球治理投入的实际费效比。

第二，中国还应该注重发挥中等强国在人文交流和公共外交中的集聚、扩散功能。梳理中等强国国情经纬可知，中等强国社会制度、政治体制、价值观念和文化属性涉及世界文明多种模式，包括伊斯兰教、基督教和儒家三大体系以及杂糅混合型文明；按社会制度政体分类，既有共和制也有君主制；从政治体制看，则包括多党制、两党制甚至无党制国家；以发展水平高低来说，不仅有发达国家和发展中国家，还有新兴市场国家。

中等强国都有较强的文明代表性和政治号召力，如沙特阿拉伯是伊斯兰文明的正统发祥地，一直以伊斯兰世界两大圣城"麦加"和"麦地那"的守护者自居，并且沙特还是伊斯兰逊尼派的标志性国家和海湾阿拉伯大国；伊朗则以波斯文明的承续者自持，一直是伊斯兰什叶派组织群落的旗帜。印尼曾是不结盟运动和亚非会议发起国，多次担任不结盟运动和七十七国集团主席。西班牙作为拉美前西属殖民地宗主国，与西语美洲保持着紧密的互动联系。西班牙语是全球使用地域和国别第三的语种，西班牙文化对广大西语国家有较强的穿透力和感染力。

相比大国而言，中等强国文明多样性和文化多元性特点鲜明；相比其他中小国家，中等强国政治理念和思想意识认同度集中的优点突出。一方面，中等强国参差不等的发展阶段和各具特色的发展模式，为中国与中等强国之间经贸合作、人文交流、民间往来、发展模式的相互借鉴提供了广阔空间和丰富内容，充实中国人文交流和公共外交的导向维度。中国与中等强国的人文交流成果容易传播、扩散到与其同属一个政治或文明世系的国家，进而影响和带动相关国家对中国国家形象的正确认知，有助于中国与更多国家广施善意、广结善缘。例如，中国开展与沙特阿拉伯的人文交流和公共外交，既能夯实两国友好民意基础，还能增强中华文明在阿拉伯和伊斯兰世界的亲和力。中国按照政府主导、民间参与的方式，加大同中等强国在各阶层的交往互鉴，积极发掘和释放中等强国在人文社会领域的潜能，有利于提高人文公共外交合作的集成效力，对中国加强培育厚植在周边国家民间社会中的友善感和亲近感有较大助益。

第三，将中等强国纳入构建新型大国关系的范畴，形成容纳霸权大国、既成大国、后起大国以及地区大国，宽维度、多向度的新型大国关

中国—阿拉伯国家博览会于 2013 年 9 月首次举办，得到了包括阿拉伯国家及其他伊斯兰国家在内的"一带一路"沿线国家的广泛认同，成为推进中阿务实合作的重要平台。

系网络。中等强国在全球范围作用有限，在地区却举足轻重，甚至是"地区超级大国"。西亚海湾就有中等强国群雄林立、多强竞逐的政治生态；中亚、南太平洋则因没有大国，中等强国称雄一方；哈萨克斯坦和澳大利亚依凭其在地区唯一中等强国地位，长期把持区域"霸权"。

客观来说，中等强国毕竟不是世界大国，将中等强国置于大国外交布局中，也顾及了广大中小国家的核心利益与重大关切，使中国大国外交更加丰富，成为撬动世界和平、发展、合作、共赢的杠杆原点。这样既能冲淡新型大国关系的权力政治味道，超越西方逻辑中"唯大国决定论"的惯性思维，还可力避部分国际舆论将新型大国关系等同"两国论"（G2）的恶意误读和刻意曲解，有力还击部分别有用心者对新型大国关系的中伤、诋毁，增强中国周边外交的形象亲和力和道义感染力。

第二节
积极引领全球治理体系转型升级

当前，全球治理的目光集中在经济金融、核不扩散、保护责任和气候变化等重大全球挑战上，矛盾集中突出，推进难度大，需要过险滩、涉深水、啃硬骨头。这些问题的处理涉及中国和世界各国的根本利益，尤其涉及中国今后在新的国际体系中的地位和发言权。

以国际货币体系改革为例。"谁控制了世界货币体系，谁就控制着资本，谁就控制了世界。"从 2008 年全球金融危机至今的现实可以看出，世界经济和国际货币体系都已长期失衡。2013 年，美元交易量占全球货币交易总量比例虽然下降到 40%，但仍居世界第一。同年 8 月数据显示，人民币上升很快，但只占 1.49%。美元的霸主地位与世界经济多极化矛盾凸显，主要表现在美国严重透支信用，不负责任地滥发美元，带来全球流动性过剩和金融泡沫，造成"穷国养富国"的掠夺性剥削，并且不时引发国际金融危机和全球经济急剧动荡。

西方关于全球治理的"华盛顿共识"在金融危机前已饱受诟病，金融危机后更是受到强烈冲击，信誉扫地。各国不再相信美西方编织的金融神话，但美西方在全球治理中依然掌握着国际规则制定权、解释权，垄断着全球化利益分配权，因而可通过全球资本链与货物链向下游国家转嫁经济金融危机，让世界为西方金融资本逐利开放市场，为他们制造的金融经济泡沫和危机买单。

新兴经济体在国际货币基金组织和世界银行中的话语权和决策权依然严重不足，美国和欧洲国家仍在这两大国际组织中拥有一票否决权。随着中国等新兴经济体深度融入全球经济、参与全球治理，在全球化中获利增多。可以肯定，美西方将继续全面遏制中国等主要发展中国家在全球化中持续获利：通过高科技出口管制、贸易壁垒等手段削弱这些国家的竞争优势；利用各种全球治理平台和汇率形成机制等，要求这些国家承担更多责任，并挤压它们在全球能源资源等核心生产要素市场上的份额。西方对中国的舆论抹黑不会停止，这些年"中国威胁论""中国经济崩溃论""国家资本主义论"等不绝于耳，中国发展的外部环境更加复杂、困难。

面对这一形势中国怎么办？全球化进程紧密融合发展起来的蛛网状全球治理体系根深蒂固，中国就是在体系内发展起来的。推倒重来不是中国的选项。中国改革开放的进程就是在全球化过程中不断融入全球治理体系的进程，中国借助现有体系实现了快速发展。中国是现行国际体系的受益者、建设者、贡献者和改革者。

目前中国综合国力和国际影响仍然处于上升期，要抓住国际社会因金融危机而激发出来的变革机遇，迎难而上，肩负起全球治理变革引领者重任，努力推进全球治理体系的完善和改革，为更加公平、公正、合理的新世界秩序诞生创造条件。

一、结伴不结盟、合作不对抗，建立全球伙伴关系网络

在 2014 年 11 月中央外事工作会议上，习近平主席首次提出，要在坚持不结盟原则的前提下广交朋友，形成遍布全球的伙伴关系网络。之后，习近平主席多次提到全球伙伴关系网络。截至目前，中国已同百余个国家和国际组织建立了不同形式的伙伴关系，全球伙伴关系网络建设风生水起、方兴未艾。

这种结伴不结盟、合作不对抗的国际合作模式，将国与国关系上升到超脱狭隘利益观的"义利观"层面。"国不以利为利，以义为利也。"①全球伙伴关系有三个基本特征：平等性、和平性和包容性。用结伴关系

2018 年 8 月 21 日，中国外交部长王毅与萨尔瓦多共和国外长卡斯塔内达在北京签署《中华人民共和国和萨尔瓦多共和国关于建立外交关系的联合公报》。至此，世界上已有 178 个国家同中国建立外交关系。

---

① 《大学》

替代同盟关系，有助于打破现有结盟体系与全球治理多边体系不兼容的格局，有利于各国更高效地寻找国家间最大公约数，使全球治理内容契合各国发展实际需要，让全球治理提供的公共产品更好为各国发展服务，从根本上解决国际上长久以来因利益分歧导致的公共产品匮乏问题，真正实现全球治理在机制上的根本性变革。

同时，这种结伴方式具有公开、透明、开放、不排他、不对抗的特征，打破了西方固有的传教征服式的世界观。这样的伙伴关系根据交往国家的具体情况制定合作方略，不以意识形态、宗教信仰、文化差别而决定国家关系的亲疏远近。合作伙伴之间利益共享，风险共担，一荣俱荣，一损俱损。当国与国之间真正变成平等的合作关系，就会形成共同联系纽带，共同参与世界变革与进步，以"合伙"的方式，共同关心人类的命运，成为同呼吸的命运共同体。

中国可以借助联合国、二十国集团等全球治理平台，通过"菜单式合作""议题式结盟"等方式，积极构建在全球性问题上的"统一战线"。发达国家内部"量宽集团""紧缩阵营"等凸显其货币政策方面的矛盾，其他方面亦然。针对全球货币体系改革、加强金融监管、反对贸易和投资保护主义、支持全球减贫、应对气候变化等全球治理核心问题，中国需要联合尽可能多的国家，找准机会，主动出击，重点突破，提出解决全球治理难题的办法。

同时，还要注重合理配置联合国与二十国集团这两大多边治理平台，努力发挥中国在两个机制中的双核心作用。联合国和二十国集团分别代表了全球多边治理中两种不同类型的国际机制。联合国是当今世界最具广泛代表性和正当权威性的政府间国际组织，在全球治理中具有不可替代的核心作用和权威优势，这种合法性来源于会员国普遍性和《联合国宪章》广泛接受性。然而联合国在应对全球性问题时存在"全球治理的能力赤字"，由联合国主导国际谈判往往旷日持久，无法达成共识。

　　而二十国集团这种建立在无须履行条约义务基础上的非正式多边峰会机制，在一定程度上弥补了联合国全球治理的有效性不足，成为联合国体系的有力补充。二十国集团囊括了世界上三分之二的人口，经济总量约占全球 90%，几乎包括世界上所有系统重要性的发达和新兴国家，反映了更加广泛的全球构成，具有承载多极化格局的能力和效力。"平等参与、协商决策、合作共赢"的精神和原则，体现了世界所有国家的共同愿望与利益诉求，代表世界多极化、经济全球化格局下国际关系的发展方向。

　　二十国集团不可能取代联合国，但作为未来世界经济的主要决策机制，再加上多功能、专业化的趋势，其职能和权力有可能与联合国重叠，甚至更加有效。中国应在维护联合国权威的同时，兼顾二十国集团这个

2018 年 4 月 8 日，中国国家主席习近平在北京人民大会堂会见联合国秘书长古特雷斯。

平台，统筹协调两大机制，做到既分工又合作，各司其职、各安其位，形成联合国主管全局，二十国集团偏重解决经济金融等重大问题的全球治理新格局。

在寻求全球性问题解决办法时，要学会并且善于运用西方在全球事务中惯用的"游戏规则"。这一系列规则和制度在形式上或者说程序上看是平等的，但在内容上却是不平等的，有许多复杂、盘根错节的问题。西方国家在各个领域国际规则上经营了几百年，错综复杂的规则网络已经牢牢地罩在各个领域的方方面面。譬如"良政"、"人权高于主权"、"保护的责任"、知识产权保护、劳工标准等等，不一而足，很多已经被联合国所接受。中国不能采取简单处理办法，要深入了解每个问题、每个提法和规则的来龙去脉，有针对性地提出自己的思路和解决办法。

中国参与全球治理的中心问题是，中国能否在全球治理规则的重新制定和调整中发挥前瞻性和主要作用，而不是边缘性作用。在目前全球治理框架里，中国还没有成为完整意义上的规则制定者。这一方面在于中国在国际体系的建立和实践中是个后来者，从"被全球化"的半殖民地到参与全球化，从中受益，再到主动参与和改革全球治理，走过了漫长而曲折的道路。另一方面中国还缺乏制定国际规则的强烈意志。中共十八大以来，以习近平总书记为核心的党中央高度重视全球治理问题，政治局多次进行专题学习研究，中国的主动性和进取性大大加强，无论是国际场合还是中国的主场外交，中国的声音在增大，中国思想和中国方案已经成为解决全球性问题不可或缺的关键因素。同时，我们也认识到，中国软实力要跟上硬实力发展，尤其在全球治理中掌握主动，还是有距离的。全球经济规模上排名第二并不表明软实力就是第二。现在，中国积极深入参与和引领全球治理的决心和意愿益强，能力不断提高，无论谈全球治理什么领域的问题，不可能离开中国，也就是说，世界离不开中国，中国也离不开世界。

应当说，目前基于规则的世界政治经济秩序总体是符合中国利益的，也是中国所需要的。但从长远看，重要的不是遵守现有的规则，而是制定今后的规则以及在制定新规则和制度方面中国有没有发言权，有多大的发言权。将来世界各国的相互依存度会更高，是"一荣俱荣，一损俱损"的人类利益和命运共同体。在改革现有国际规则、制定新的国际规则中拥有发言权是全球治理领域地缘政治、地缘经济大国博弈的焦点所在，也是中国从世界大国走向世界强国的必经之路。

中国始终要将自身的发展寓于新兴国家和发展中大国整体崛起之中。这是基于两方面的现实：一是中国将长期处于社会主义初级阶段，从"站起来"到"富起来"，如今正进入"强起来"阶段，奏响三部曲的第三乐章；二是中国的发展中国家定位，这一定位既反映中国发展的阶段性特征，也是中国对世界以及中国与世界关系的看法。广大发展中国家在历史遭遇、价值理念、发展模式等方面有许多共同点，做实发展中国家的伙伴关系和价值同盟，集体发声发力，共同影响和引导全球治理体系的演变，更多集体收获国际体系的制度化权力，应当成为中国参与全球治理和整个对外战略的着力点。

二、构建基于平等包容、共同发展原则的人类命运共同体

经济全球化犹如长江后浪推前浪，自工业革命以来跌宕起伏，始终没有停止。从全球化发展的历史看，它与国际体系的构建和国际格局的变化紧密相连，从少数西方国家主导的丛林法则，过渡到美西方国家主导的等级制全球治理体系，都没有摆脱"中心—边缘"国际体系的约束。如今，随着世界力量平衡的变迁，中国等广大发展中国家和新兴国家深

入地参与到全球治理中来，而且开始提供更加公正、公平、合理的治理思想和治理方案。世界的面貌发生了历史性的变化。全球治理体系包括治理思想、模式、机制安排，都呈现出前所未有的扁平化、开放式、合作共赢的治理格局。人类历史的进步使得平等、合作、公正等概念深深扎根于世界人民心中，成为人类的共同价值观。人类利益共同体已经是既成事实，不可改变，因为它改变了过去"赢者通吃"的丛林法则，从"国别制造"到"世界制造"，从单一供应链转向相互交错、上下游交叉互嵌的供应链，加上金融资本的全球流动，无一不在证明着世界各国相互依存已成为"地球村"的"铁律"。因此，全球化新时代全球治理体系和模式的改革与创新，无疑需要一系列具有平等理念指导下的世界性发展规划，共同协调国际社会走出一条全新的发展路径，让人类社会在更高水平和更高层次获得政治、经济、文化诸方面新的飞跃。习近平主席提出的共同建设人类命运共同体，就是指导全球治理向更加公正、公平、合理、包容、普惠发展的愿景规划和宏伟蓝图。

2015 年 3 月 28 日，中国国家发展改革委、外交部、商务部联合发布了《推动共建丝绸之路经济带和 21 世纪海上丝绸之路的愿景与行动》。共建"一带一路"，致力于亚欧非大陆及附近海洋的互联互通，建立和加强沿线各国互联互通伙伴关系，构建全方位、多层次、复合型的互联互通网络，实现沿线各国多元、自主、平衡、可持续的发展。在"一带一路"建设中，中国将继续坚持和平共处五项原则，利用沿线各国的资源互补，以政策沟通、设施联通、贸易畅通、资金融通、民心相通为主要内容，实现诸多经济领域的合作。

在具体合作过程中，中国将和各个国家建立多边合作机制。经济贸易走廊倡议并不是另起炉灶，而是与各国发展战略和规划的"对接"。在 2014—2016 年，中国同"一带一路"沿线国家累计贸易额达到 3 万亿

美元。中国将加大对"一带一路"建设资金支持，向丝路基金新增资金
1000亿元人民币；鼓励金融机构开展人民币海外基金业务，规模预计约
3000亿元人民币；中国国家开发银行、进出口银行将分别提供2500亿
元和1300亿元等值人民币专项贷款，用于支持"一带一路"基础设施建设、
产能和金融合作。[①]

　　"一带一路"倡议无疑是全球治理转型升级中的一项平等性全球宏
观计划的尝试与探索。通过宏观架构对欧亚国家的一些区域发展计划进
行更高水平串联，包括俄罗斯提出的欧亚经济联盟、东盟提出的互联互
通总体规划、哈萨克斯坦提出的"光明之路"、土耳其提出的"中间走廊"、

"一带一路"倡议提出五年，经贸合作成效显著。截至2018年6月，中国与沿线国家货物贸易累
计超过5万亿美元，对外直接投资超过700亿美元。图为一列中欧班列货运列车通过内蒙古二连浩
特口岸，驶往欧洲。

---

① 习近平：《携手推进"一带一路"建设——在"一带一路"国际合作高峰论坛开幕式上的演讲》，
新华网2017年5月14日，http://www.xinhuanet.com/politics/2017-05/14/c_1120969677.htm。

蒙古提出的"发展之路"、越南提出的"两廊一圈"、英国提出的"英格兰北方经济中心"、波兰提出的"琥珀之路"等。

"一带一路"的探索，有助于未来全球治理从国家层面的宏观调控拓展到全球层面的"经济协调"，这无疑为"地球村"经济的联动发展带来了希望。同时，"一带一路"求同存异，聚焦于经济发展这一世界性的根本性问题，这有助于打破过去全球治理议题分散的毛病。毕竟无论地区冲突还是宗教纷争，核心都是资源分配不均和经济发展不平衡导致的。而经济互联互通计划的推进，无疑能够帮助世界各个区域打破狭隘分割，实现全面联动发展。正如习近平主席所言，"人类历史告诉我们，有问题不可怕，可怕的是不敢直面问题，找不到解决问题的思路。面对经济全球化带来的机遇和挑战，正确的选择是，充分利用一切机遇，合作应对一切挑战，引导好经济全球化走向。"[1]

中国注重构筑区域经济金融贸易一体化大格局，从区域到全球作好今后全球治理体系的顶层设计。全球治理始于地区治理，周边是关键，而且区域经济一体化也是世界潮流。中国与周边国家在公路、铁路、航运、油气管道上互联互通，形成一体化网络架构，不仅在经济上对中国和周边国家有利，在政治、安全上也将创造和睦相处的有利环境，以管控权益争端，避免发生冲突和危机。

现今，中国处于人口体量和经济总量大国迈向世界政治、经济强国的高速推进阶段，面临迫切的发展任务，亟须营建友善的周边环境和筑牢稳固的周边屏护。因此，中国周边外交应该把东南亚、东亚、西亚、中亚都考虑进去，是一个全方位、立体化的地缘政治、经济和文化概念。中国向东建设 21 世纪海上丝绸之路（"一路"），同时向西发展，通

① 习近平：《共担时代责任 共促全球发展——在世界经济论坛 2017 年年会开幕式上的主旨演讲》，新华网 2017 年 1 月 18 日，http://www.xinhuanet.com//2017-01/18/c_1120331545.htm。

过中亚构建丝绸之路经济带（"一带"），打通连接欧亚大陆的陆路通道，就是这一思路的体现。

周边地区已成为中国重要战略依托和主权、发展利益、海外安全风险挑战最直接、最集中的地区。特别是在后金融危机时代，美国为保持全球领先地位，拉亚洲盟友加紧构建"亚洲版北约"，将反导系统部署前移至东亚，继续实施"亚太再平衡"战略，搞"离岸平衡"，介入和扩大中国与部分邻国的矛盾和争端。美国对中国的"战略模糊"已经清晰化，把中国列为其主要战略对手已成定局。美国7000亿美元的军费支出以及对亚太的巨大军力投入，已难以用传统的"两面下注"来解释。美国这些做法削弱了本来就不怎么牢固的中美战略互信，客观上刺激了个别国家的领土和海洋权益要求，加上部分国家对中国发展壮大本来就存在忧虑和误解，更加深了中国周边环境以及区域治理

2017年1月11日，中日韩自贸区第十一轮谈判在北京举行。

的复杂性、不稳定性。

如何应对这样错综复杂的地缘政治、经济局面，构建符合区域各国共同利益的经济和安全治理架构，成为中国地区和全球战略的首要挑战。中国在 21 世纪能否巩固发展战略机遇期、实现中华民族伟大复兴"中国梦"，首先取决于能否稳定、发展好周边关系。

亚洲国家自然禀赋不同，发展水平各异，优势互补、合作共赢潜力巨大。与世界上经济一体化发展成熟的地区相比，亚洲在基础设施互联互通建设、扩大相互市场开放、促进贸易投资便利化、构筑完善产业链、开展金融科技合作等方面仍有较大提升空间。

区域治理和区域经济一体化中，贸易和投资自由化是核心问题之一。这些目标要从双边经济交往着手，更要放眼亚太，在区域自由贸易区上

中国与东盟合作潜力巨大，2017 年中国和东盟贸易额达 5148.2 亿美元，累计双向投资总额超过 2000 亿美元。图为 2017 年 9 月在广西南宁举行的第 14 届中国—东盟博览会现场。

下功夫。中日韩自贸区谈判要坚持不懈地推进，中韩先行先试。"区域全面经济伙伴关系协定"（RCEP）谈判要抓紧完成，积极实施。周边邻国与中国的经济和安全利益已非常紧密地联系在一起。中国发展"红利"谁也不会放弃。中国要进一步编织互惠互利的合作网络，加大利益捆绑，着力经营重合、多层的周边经济圈，以点带面，以小圈带大圈，学会"滚雪球"，积累变革能量，构筑周边强有力的战略依托。

三、主动参与全球治理的议题设置和规则制定

从加入国际货币基金组织、世界银行到世界贸易组织，中国与全球治理架构的关联日益密切。自 2008 年二十国集团峰会机制化以后，中国已经进入全球经济治理的核心圈，但中国在全球经济治理上的议题设置能力和改变、制定规则的话语权依然不足，往往自觉不自觉地成为"被治理者"或者"被动参与者"。这与中国的国际经济、政治地位不匹配。以中国加入世界贸易组织为例，实践证明中国入世整体利大于弊，当初的妥协换来了较之以往更加公平合理的国际贸易环境，大大促进了中国的改革开放，提速了中国的经济发展，提升了中国的全球化水平。但美国和欧盟在世界贸易组织 15 年期限过去之后出尔反尔，依然拒绝给予中国完全市场经济地位，其目的很明确，就是为他们挥舞反倾销、反补贴大棒提供便利，给中国的国际贸易和利益拓展制造障碍。在中国企业"走出去"的浪潮中，美西方国家置市场规则而不顾，采取双重标准，设置种种障碍，特别是在高科技领域进行打压，希冀继续把中国滞留在全球生产链和价值链的中低端。中国的中海油、华为、中兴、三一重工等公司在美国投资屡屡受挫就是明证。近来，中兴在美国的遭遇表面看是禁止中国获取美国的芯片，实际上是中美科技争夺战的新一轮攻击。

这是为什么？究其原因，首先是中国发展势头迅猛，美国心里的战略焦虑日增，遏制中国的冲动更大。第一步就要给中国企业在全球做大做强制造障碍。这是美国的亲身体会，美国之所以强大，很大原因是其跨国企业遍布全球，代表着美国的利益和存在。其次是中国尚缺乏对国际标准和游戏规则的制定权、评议权和裁判权，在全球经济治理的体系中还没有"一言九鼎"的分量。

要扭转这种"被治理者"的不公平、不公正局面，从根本上讲，要靠国家实力的增强。而国家实力并不是在真空中实现的，在全球化时代，中国实力增强需要一个有利的国际环境，其中关键一条是在全球治理体系改革中通过调整、重订国际规则和国际标准，增加中国对全球性议题的设置权、话语权和决策权。

在2009年二十国集团伦敦峰会和匹兹堡峰会前后，中国团结发展中国家，坚持启动改革国际货币基金组织和世界银行的份额及治理结构，以增强发展中国家整体持股比例和投票权利，取得成果。关于转让国际货币基金组织和世界银行份额权的磋商在匹兹堡峰会达到白热化程度，通过峰会前中美元首双边会晤闭门磋商，才在最后关头拿下了对发展中国家来说具有转折性意义的这一条改革措施。发达国家主要是欧洲国家第一次向发展中国家让渡在全球经济治理中的制度性权力。

以上充分说明，在全球治理方面，议题设置能力十分关键。特别对中国这样的社会主义发展中大国，国际地位的提高很大程度体现在对重大地区和全球问题的议题设置上。由于历史的原因，中国的国际话语权与其地位一直不匹配，在全球性问题上，过去被动应付多于主动出击。中共十八大以来，中国参与全球治理的深度和广度都有很大变化，主动进取、积极塑造成为主流思想。中国在融入全球治理体系的过程中深切地体会到，深入研究世界面临的难题并提出具有中国思想、可行的中国解决方案，那么话语权和议题设置能力就会不断提升。国家在国际事务中犹如逆水行舟，不进则退，不积极参与、主动出击，中国的回旋余地就难以增大。

一个例子就是中国在国际金融领域的发展。目前，人民币进入全球主要货币行列的速度是比较快的。据国际清算银行前几年的统计，在全球5.3万亿美元的日均外汇交易量中，人民币日成交额达1200亿美元，首次进入全球十大交易最频繁货币的榜单。

中国对人民币国际化的发展势头要有清醒的估计，加强顶层设计，绘就稳妥可行的路线图。由于美元既是国内货币又是主要世界货币，其两重性使以美元为中心的国际货币体系凸显强烈的不稳定性，各国货币和汇率摩擦不断，货币危机时时出现。1960年美元发生危机，各国纷纷抛售美元并向美政府兑换黄金。1971年美元危机再次爆发，为保护美黄金储备，尼克松宣布停止美元兑换黄金。1973年3月主要国家货币与美元脱钩，实行浮动汇率，布雷顿森林体系土崩瓦解。为挽救美元国际地位，美与沙特签订协定，采用美元计价和交易石油。此后美元成为大宗商品计价货币。

国际政治、经济发展不平衡规律决定了美元确立霸主地位的曲折历史沿革。而今世界多极化、经济全球化、区域经济一体化不断发展，使得欧元、日元、英镑、人民币不时冲击美元的霸主地位。进入21世纪以来，随着人民币等新兴市场货币在全球经济中分量的增强，对美元形成新的挑战。然而"冰冻三尺非一日之寒"，无论从历史还是现实看，美元地位衰落都将是长期的过程。任何其他货币想成为世界货币不会一帆风顺。

主要经济体围绕国际货币体系主导权的斗争将是长期、曲折、尖锐的。对美国来说，除了军事霸权，没有什么比美元的世界货币地位更重要的了。金融危机期间，美元货币体系被称为金融危机的源头，要求建立新国际货币体系的呼声不绝于耳。然而美元在危机发生时依然是避险货币，大量资本不是流出而是流入美国。而且，美国自2009年开始进行战略反击，目标指向欧元、日元、人民币，竭力维护美元霸权地位。

美国对欧洲等资本顺差国采取强美元政策，打压欧元，让资金回流美国，并通过刺破希腊债务泡沫，引发欧洲主权债务危机，暴露欧元的"致命裂痕"。现在欧元已经丧失冲击美元的动力和能力。

美国对日本、中国等贸易顺差国采取弱美元政策，逼这些国家的货币升值，减轻美债务压力。美国为压缩中国增长空间，一再压人民币升值，借汇率问题打压中国。2011年美国参议院通过《2011年货币汇率监督改革法案》立项预案，以"货币失衡"为借口，逼中国加大人民币升值幅度。为维护美元的全球统治地位，美国正在进行长期战略布局：将"美元—石油"体系转换到"美元—碳排放"体系；将美国信息产业优势转换到新能源产业优势；实现能源革命和制造业回归，从金融帝国向制造业帝国转变。

人民币国际化没有现成的道路可走。中国应认真学习历史，特别是美元成长史，从中找出规律，以加强国家金融战略的顶层设计，蹄疾步稳，实现人民币国际化全方位发展，深化金融市场改革，扩大金融业内外开放，走出一条中国特色人民币国际化道路。

中国与30多个国家和地区签署了货币互换协议，总规模逾4万亿元。东南亚、东欧、非洲一些国家乃至欧洲央行已经把人民币作为其储备货币。随着中国经济持续健康发展，人民币国际化面临历史性机遇，预计未来20年人民币将成为全球主要结算、投资和储备货币之一。据世界银行预测，到2025年，人民币在全球官方外汇储备的比重将超过5%。

人民币国际化的关键是中国经济总量在全球占比要达到一定分量，金融业要有抵御巨大金融风险的能力和制度设计，同时需要从以下几方

据环球银行金融电信协会（SWIFT）统计，截至 2018 年 1 月末，人民币位列全球第 5 大支付货币，市场占有率为 1.66%。图为 2014 年 12 月中国银行在法国巴黎举行"巴黎人民币清算行服务启动仪式"。

面着手走稳国际化道路：

1. 加快实现人民币资本项目可兑换。这是实现人民币国际化的必要条件，有利于资本平衡流动，抑制跨境资金套利，促进人民币在岸、离岸市场有效运行。

2. 推动人民币成为大宗商品计价货币，促进大宗商品贸易、投资等人民币业务。这是人民币国际化的重要标志。

3. 支持上海成为全球人民币中心，拓展香港人民币离岸市场，发挥香港国际中心作用。上海自贸区是中国金融业开放、先行先试的试验田，要促进人民币回流渠道多样化，加大金融市场开放力度。促进在岸、离岸市场协同发展，推动、协调其他国际金融中心如伦敦、新加坡、卢森堡、巴黎、法兰克福等离岸人民币市场发展，形成全球人民币市场体系。

上海陆家嘴金融中心

4. 发挥中国大型商业银行的重要作用，同时注意调动民营资本的积极性。在人民币国际化进程中，更多参与大型跨境投资项目，提高金融创新能力和外汇交易水平，优化布局，促进人民币国际化全方位发展。

"青山遮不住，毕竟东流去。"中国经济发展到今天已处于历史关键节点，人民币国际化乃经济发展的应有之义。

西方谈论的全球经济治理，其实范围很窄，指向性很强。说到底是全世界向西方开放市场，尤其对垄断资本开放国门，经济新自由主义是它们的主要思想武器。金融危机以前，它们只是想让新兴市场国家承担更多的解决全球问题的责任和义务；金融危机以后，西方则想利用新兴市场国家的经济力量和资源来帮助其解决自身的困难，向外转嫁经济危机。全球经济治理的历史经纬告诉我们，在自己一手制造的金融经济危机下挣扎的西方国家，正借助全球化条件下各国相互依存十分紧密的渠道和美元作为世界主要货币的"敲诈性特权"（exorbitant privilege），分享、

"剥削"发展中国家和新兴市场国家辛辛苦苦通过消耗资源、损耗环境而带来的经济增长红利。中国和其他发展中国家要清醒地认识到，只有全面参与到全球经济治理之中，改革不合理的国际政治、经济秩序，推动建立新的全球经济治理机制和制度，才有可能对发达国家也进行治理，迫使其坐下来谈判，以建立更加合理、公正、公平的全球经济治理体系。

中国主动参与和引领全球治理改革和规则制定，符合统筹国内国际两个大局的考虑，更是中国对外战略的重要组成部分，是中国实现民族复兴的必经之路。从国际视角看，积极参与制定于中国有利的国际规则，能为中国经济社会发展创造更加公平、合理、舒适的外部环境，减少和平发展的阻力。从国内视角看，中国经济结构失调，出口导向和资源密集型发展难以为继，贫富差距悬殊等问题集中暴露，粗放型增长方式与全球可持续发展的容量也难以调和。

中国要清醒地认识到，参与全球治理、制定新规则、创造平等的国际竞争环境，有利于中国破解自身发展的难题和瓶颈，两者存在高度的一致性。全球治理涉及的环境污染和生态破坏、能源安全等议题，正是中国发展面临的严重挑战。全球治理的内在要求就是要不断优化发展模式，减少矛盾摩擦。中国应从实现坚持对外开放与对内改革的良性互动角度出发，在全球治理的重要领域主动设置议题，提出中国的思路和路线图，制定于中国有利的国际新规则。今后几年全球治理改革的谈判将进入快轨道，步子加快、领域拓展、问题深入。在这场国际力量的博弈进程中，中国必须作好准备，积蓄力量，争取更多的朋友。今后全球治理改革进程必须要有中国的思想、中国的声音。

结语：
新时代中国特色社会主义与全球治理学

　　全球治理的结构性改变离不开新力量的注入。习近平新时代中国特色社会主义思想和中国国内治理成功经验将为全球治理带来众多的思想资源和治理经验。

　　2013 年，习近平主席提出"一带一路"的战略倡议。这是一种立体的、全方位的、跨区域的全球陆地与海洋治理，意味着中国自觉地参与到多层次立体的全球治理格局中。可以说，这种有关全球治理的战略部署，与中共十八大以来对国家治理的强调是互为镜像的，是二而为一的。

　　这一设想是本于中国的古代丝绸之路而结合新时代重新阐发的。我们不能因为近代中国一时没有大航海和地理大发现，便认为整个古代中国都是封闭的，虽然明清有闭关自守的一些举动，但是相当长一段时间内，由中国内陆和沿海出发的陆上丝绸之路和海上丝绸之路都构成了欧亚交通和贸易的重要线路。

　　在"一带一路"的背景之下，中国将为全球治理提供充足的东方资源和中国智慧。"一带一路"是要通过重新挖掘并发扬丝绸之路的精神与力量，建设丝绸之路经济带与 21 世纪海上丝绸之路；目标是在各文明、各民族、各国家之间建立和谐的利益结构，推动整个区域乃至全人类实现同舟共济的命运共同体。

　　1949 年新中国成立至今，中国人民经历了从站起来、富起来到强起来的历史性飞跃。新时代中国特色社会主义的中国将不仅为世界提供由穷而富这一中国经济奇迹的经验，还会为全球范围内的分配正义添加力量。新时代中国特色社会主义的经济思想已经引起了全球的关注，而新时代中国特色社会主义的全球治理思想则将引发全球治理的新思考和新行动。

中共十八大以来，中国国内展开了五位一体的文明建设：经济建设、政治建设、文化建设、社会建设、生态文明建设五位一体。这一立体的文明建设，当然不仅为中国决胜全面建成小康社会打下好的基础，还势必会外溢到全球秩序之中，为全球治理和世界秩序的重建提供借鉴意义。因为各国人民所组成的人类这一巨大共同体，不仅是以利益拼凑的全球市场，还是以正义凝合的命运共同体。全球各地的人们要"同呼吸，共命运"，就不能只从经济和安全的角度考虑问题，也就是不能只从生存和利益的角度考虑本国、本地区的问题，还应该站在人类文明和人类命运的高度，在文化—社会—生态多方面展开全球治理。例如，2017 年 5 月，来自"一带一路"沿线的 20 国青年评选出了中国的"新四大发明"：高铁、扫码支付、共享单车和网购。中国在以非传统的新形式为全球秩序的重建提供智慧和方略。

人类命运共同体不仅是一种全球治理的建设目标，还是全球治理的一种价值观，它包含相互依存的国际权力观、共同利益观、可持续发展观和全球治理观。中国古人就讲究"和而不同"的人生智慧和人世景观，著名人类学家费孝通先生也曾指出"各美其美，美人之美，美美与共，天下大同"这十六字处理对外关系的箴言。习近平总书记在 2014 年纪念和平共处五项原则发表 60 周年纪念大会时也曾引用这一箴言，凝练中国为全球治理和跨文明、跨文化对话的思想贡献和庄严承诺。

人类命运共同体是马克思主义共同体经典理论的新的具体阐发，它是对自然共同体、资本主义共同体的超越。它被写入中共十八大的报告之中：

在追求本国利益时兼顾他国合理关切，在谋求本国发展中促进各国共同发展，建立更加平等均衡的新型全球发展伙伴关系，同舟共济，权责共担，增进人类共同利益。

"人类命运共同体"的基本前提是国际体系中各全球治理主体的同呼吸、共命运，它还兼具国际主义的工具理性和价值理性，内蕴新型的权力观、义利观、文明观和交往观。[①]相信在"一带一路"的战略部署之下，"人类命运共同体"的全球治理价值观与目标可以触动重建良性的世界秩序。

在中国共产党十九大报告中，习近平总书记指出，新时代中国特色社会主义的内涵包括："明确中国特色大国外交要推动构建新型国际关系，推动构建人类命运共同体。"

既然美国是当今世界的第一大国，那么大国外交的首要内容便是中美关系，处理中美关系不仅是一种双边关系，还关系到作为一个日益强盛的国家如何与既有全球秩序相处。中美关系不再是以往的美国独领风骚，而是中国成为全球秩序的重要参与者与美国对话；中美两国将合作为全球治理作出贡献。

基于全球秩序的结构性矛盾和新时代中国特色社会主义可能为全球治理提供的新智慧、新方案，我们认为全球治理学的提出正当其时。这是一门与以往国际政治学、国际关系学不同的跨学科门类。它的研究对象就是已经日益成为一村的全球；它的研究方法则是突出强调超越国家、跨国公司等区域性、模块化的主权或利益团体，而是从全球史和全球政治的视野看待全球性的问题；它的学科意义在于，整合既有经济学、国

---

① 李爱敏，《"人类命运共同体"：理论本质、基本内涵与中国特色》，载《中共福建省委党校学报》，2016年第2期，第98—99页。

际政治学等多个学科的有生力量，聚焦于全球性的治理问题；因为其研究对象的独特性，全球治理学还将兼具非常强的现实意义，它直面已经发生和仍在继续的全球性问题，致力于将理论结合全球秩序的现实，为问题的解决提供可能性的方案和规划图。此外，与以往产生于欧美的有关全球治理的学科建设和理论设想不同，全球治理学这一学科由中国学人首先提出，由中国官员开拓性实践，将不再单纯围绕欧美的西方话语和制度安排展开，而会充分借助来自亚非拉广大后发国家的历史智慧，并且充分考虑到发展中国家在全球秩序和全球治理结构中的劣势地位，保卫其权益。这样一来，全球治理学与现存的国际政治学、国际关系学的另一个很大不同在于，它有明确的价值关怀，那就是打破政治—经济—文化多重不平衡的全球结构，努力构建全球秩序的正义性。